U0455859

eye

守望者

——

到灯塔去

Edited by Silver Wai-ming Lee and Micky Lee

访谈录 王家卫

Wong Kar-wai

Interviews

李惠铭

〔英〕李沛然 编

邵逸 译

南京大学出版社

Wong Kar-wai: Interviews
Edited by Silver Wai-ming Lee and Micky Lee
Copyright © 2017 by University Press of Mississippi
Simplified Chinese Edition Copyright © 2022 by NJUP
All rights reserved

江苏省版权局著作权合同登记　图字：10 - 2019 - 617 号

图书在版编目(CIP)数据

王家卫访谈录/李惠铭，(英)李沛然编;邵逸译
. —南京：南京大学出版社,2022.6(2024.12 重印)
书名原文：Wong Kar-wai：Interviews
ISBN 978 - 7 - 305 - 25590 - 8

Ⅰ.①王…　Ⅱ.①李…　②李…　③邵…　Ⅲ.①王家卫
—访问记　Ⅳ.①K825.78

中国版本图书馆 CIP 数据核字(2022)第 052808 号

出版发行　南京大学出版社
社　　址　南京市汉口路 22 号　　　　邮　编 210093
　　　　　WANG JIAWEI FANGTAN LU
书　　名　王家卫访谈录
编　　者　李惠铭　［英］李沛然
译　　者　邵　逸
责任编辑　顾舜若
照　　排　南京紫藤制版印务中心
印　　刷　南京爱德印刷有限公司
开　　本　787mm×1092mm　1/32　印张 11.625　字数 169 千
版　　次　2022 年 6 月第 1 版　2024 年 12 月第 4 次印刷
ISBN 978 - 7 - 305 - 25590 - 8
定　　价　68.00 元

网　　址：http://www.njupco.com
官方微博：http://weibo.com/njupco
官方微信：njupress
销售咨询：(025)83594756

＊ 版权所有,侵权必究
＊ 凡购买南大版图书,如有印装质量问题,请与所购
　图书销售部门联系调换

目 录

引　言

　　本书收录了近三十年来的二十二篇[①]王家卫访谈。访谈的内容及出现顺序反映了王家卫的电影对中国香港评论界和国际评论界的意义是不尽相同的。前四篇访谈主要针对王家卫的头两部电影：《旺角卡门》和《阿飞正传》[②]。

[①]　原版书收录了二十二篇访谈，由于版权限制，中译本仅收录二十篇访谈。最初以中文刊载的访谈，本书均收录中文原文，同时更正了原文中的词句错误，各类译名统一为常用译法。为呈现访谈的原有风貌，译者尽量保留中文访谈里的粤语和英语，并且在每篇访谈中首次出现的地方，译者均用楷体字在括号内注明词义，以便于读者理解。——译注

[②]　《旺角卡门》《阿飞正传》《东邪西毒》分别在戛纳电影节、柏林电影节和威尼斯电影节的非竞赛单元放映。但首先赢得影评人青睐、在西方获得更多观众的是较为亲民的《重庆森林》。（若无特殊说明，本书脚注均为原编者注。）

第五篇采访提到了王家卫的第四部作品、让他在国际上声名鹊起的《重庆森林》。最后四篇①访谈都以《一代宗师》为主题——两位美国影评人认为这是一部功夫电影，而中国的影评人则认为它是一部有关民国时期的时代电影（period film）。

本书收录的第一篇访谈《王家卫纵谈〈旺角卡门〉》于1988年刊载于现已停刊的香港杂志《电影双周刊》上。在访谈中，王家卫探讨了他导演的第一部长片《旺角卡门》，影片不仅得到了香港影评人的赞赏，在香港也取得了不错的票房成绩。但真正让王家卫在香港成为家喻户晓的人物的——无论这是好事还是坏事——是王家卫的第二部电影《阿飞正传》。影评人欣喜地看到香港影坛出现了一位逆商业大潮而行的导演，但主流媒体热衷于在八卦专栏中报道王家卫电影漫长的制作周期和高昂的预算。《阿飞正传》上映二十多年后，王家卫的电影在各大电影节展映，并在国际影坛屡获殊荣。然而，香港主流媒体仍在抱怨他的作品难以理解，拍摄时间过长，成本过

---

① 　其中两篇访谈由于版权限制未收入中译本。——译注

高。比如,关于王家卫最新的作品《一代宗师》到底是无谓的"炫技",还是内涵丰富的电影文本,影评人至今尚未得出结论。

观众对王家卫电影的反应同样是两极化的。一方面,王家卫有很多忠实热情的粉丝,他们收集电影纪念品,在网上讨论他的作品,引用他电影中的台词,创作同人作品。另一方面,除了最新作品《一代宗师》,王家卫的电影很少叫座。香港本地人在日常生活中将"王家卫"用作一个贬义词,形容抽象、文艺的东西。

香港地区的观众在王家卫事业早期就对他形成看法,而大多数国际观众是通过王家卫的第四部长片作品《重庆森林》认识他的。戛纳电影节、柏林电影节和多伦多电影节等国际电影节给亚洲之外的影评人与观众提供了接触王家卫最新作品的机会。电影节掀起的热潮令全球的王家卫影迷倍感激动,也证明王家卫的作品得到了影评人和评委的大力赞赏。比如,王家卫凭借《春光乍泄》在戛纳电影节获得了重量级的"最佳导演奖",成为第一位获此殊荣的中国导演。另外,王家卫的作品还常常是学术界争论的对象,除中文外,这些争论还以英语、法语、意大利语、德语及其他语言进行。

关于王家卫的评论文本和王家卫的作品本身一样丰富。本访谈录不仅为学者、影评人和影迷提供了进一步评论与解读的素材，也透露了王家卫的想法，以及影评人如何看待王家卫和他的影片。本引言将这些访谈作为与王家卫相关的素材和讨论，旨在做到以下三点：第一，将王家卫置于香港影坛的两次新浪潮运动之中；第二，总结王家卫对其不同作品制作过程的说明；第三，归纳王家卫对他的艺术影响力及常规搭档的看法。

二十多年来，王家卫在访谈中一贯保持电影作者①的形象。他能够解释每一部电影的制作过程，说明他如何与摄影师、艺术指导、剪辑和演员合作。20世纪80年代，大部分香港导演在拍摄由他人编剧、大制片厂制作的电影。王家卫与他们不同，外界称其作品在叙事、美学和表演方面有独特的风格。王家卫脱胎于第二次香港电影

---

① 电影作者（auteur）指风格鲜明、对所拍摄电影具有很强艺术影响力的导演。——译注

新浪潮运动,这造就了他的眼力和对影片的艺术控制力。

　　香港新浪潮兴起于 70 年代末 80 年代初,与其说是一场有计划的运动,不如说是意外产生的结果。代表导演包括许鞍华、徐克、谭家明、方育平、章国明和严浩。他们没有联合发表过任何声明,也不经常合作。然而,这批导演的背景非常相似:大多在英国和美国学习电影后回到中国香港地区。拍电影之前,这些导演有的曾在公共电视频道香港电台(Radio Television Hong Kong)工作过,有的曾就职于商业电视台 TVB。

　　新浪潮导演向类型电影中加入了实验元素。他们制作令人耳目一新、激动人心的电视剧和类型片,因为他们认识到,电视剧和电影可以是艺术、政治声明,也可以是大众娱乐。这些导演通过引入他们从西方学来的新技术,更新和改造了传统的电影类型。比如,徐克向武侠体裁中加入了好莱坞科幻和恐怖的元素。新浪潮导演相信拍电影不仅仅是叙事,配乐和美术设计也是关键的元素。他们探讨了鲜为人知的社会问题和香港人的身份问题。通过外景拍摄,香港的城市景观成了新浪潮电影的重要组成部分。比如,许鞍华在《疯劫》(1979)中表现了西环老城区里的中式公寓楼。

同时,新浪潮导演明白,香港电影产业看重商业制作,想改变现状很难。他们没有挑战市场和制片厂系统,而是为自己的作品寻找新的生存空间。新浪潮学者卓伯棠称这些导演为"改革者而非革命者"①。同时,独立电影制作公司的出现鼓励了更多年轻人进入这个行业,但他们不想为大制片厂服务,想要通过创作独树一帜的作品成为电影作者。

第二次新浪潮运动于80年代中期出现。关锦鹏、罗卓瑶、张婉婷和王家卫这几位导演被视为第一次新浪潮运动的继承者,这是因为他们中有些人具有在电视台工作的背景,有些人则担任过新浪潮导演的编剧或助手。第二批新浪潮导演在叙事、电影美学和技术上更具实验性。因此,有些香港观众认为,第二批导演的作品是严格意义上的艺术电影。有意思的是,在访谈中,每次提到这个话题,王家卫都否认自己是艺术电影导演,并表示他所

---

① See Pak-tong Cheuk, *Hong Kong New Wave Cinema (1978 - 2000)*. Bristol: Intellect, 2008, pp. 15 - 16.

有的作品都非常商业化。

王家卫从未在任何采访中自称为第二批新浪潮导演或艺术电影导演，但他和两次新浪潮运动的联系是难以忽略的。第一，王家卫作为一名从大学退学的平面设计学生，最早是在香港电视台 TVB 接受了电影制作方面的培训。他作为编剧为很多不同类型的电影创作过剧本，包括喜剧片、剧情片和黑帮片。第二，王家卫作为编剧和剪辑与许多新浪潮电影人合作过。比如，他为谭家明创作了《最后胜利》的剧本，而谭家明后来担任了王家卫作品《阿飞正传》的剪辑。第三，与王家卫合作的女演员出演过新浪潮电影，其中最著名的张曼玉和林青霞出演过《客途秋恨》（许鞍华，1990）、《爱在别乡的季节》（罗卓瑶，1990）、《爱杀》（谭家明，1981）和《蜀山：新蜀山剑侠》（徐克，1983）。第四，王家卫与最初在新浪潮运动中崭露头角的艺术指导和制作人合作过。王家卫的艺术指导张叔平是《爱杀》《烈火青春》（谭家明，1982）和《似水流年》（严浩，1984）的艺术指导。刘镇伟——王家卫的好友及泽东电影公司的合伙人——制作了《凶榜》（余允抗，1981）和《烈火青春》。第五，托尼·雷恩斯（Tony Rayns）——一位专注于东亚影坛并将很多新浪潮电影介绍到西方的英国影评人——是王家卫的影迷,王家卫很多作品的英文字幕都出自他手。第六,王家卫认为自己拍摄的是类型片。他将《花样年华》比作希区柯克的悬疑片,将《一代宗师》归类为史诗电影。

从很多角度看,王家卫都已经超越了第二次新浪潮运动——他一直在拍电影,同时坚持自己的风格和理想。与退出影坛的谭家明不同,王家卫一直专注于电影制作;与成为主流电影制作人和主流电影导演的徐克不同,王家卫的作品很少,也不被视为主流的一部分。然而,他比表面上看起来更有商业头脑。在访谈中,他强调了销售海外发行权的重要性,他了解如何建立自己的公司,明白如何从海外投资人那里融资,知道如何控制拍摄成本不超预算,尽管很多人在这方面对他有一定的误解。

二十二篇访谈里有十七篇最初是用中文或法语发表的。另外,早期的访谈主要来自香港杂志《电影双周刊》,这些访谈在网络上是找不到的。它们为无法查阅香港地区档案馆档案的读者提供了资源。因为《重庆森林》是让王家卫走出中国香港和亚洲、走向世界的电影，所以本书主编在香港出版物中主要寻找有关王家卫前三部作品——《旺角卡门》《阿飞正传》《东邪西毒》——的访谈。《重庆森林》之后，本书主编主要寻找的是刊登在英国、美国、法国针对电影学者和严肃影迷的出版物上的访谈。

王家卫会说粤语、普通话和英语。可以假定他用粤语接受香港地区出版物的采访，用普通话接受大陆和台湾地区媒体的采访，用英语接受其他采访。（用法语刊登的采访是用英语进行再翻译成法语的。）王家卫五岁时从上海搬到香港，当时他不会说粤语，但很快他的粤语就很流利了。他儿时是否说普通话尚不明了，因为新中国成立前，普通话并不是上海人的主要语言。但接受采访时，他的普通话很流利。他的英语也很流利，但他说英语时不如说粤语时富有表现力。王家卫能够用英语表达自己的想法，但不用习语、俚语和口语。在所有的访谈中，王家卫都十分坦诚地分享自己的想法。他更愿意与华语地区的媒体分享个人逸事和对历史的看法。然而，香港地区的媒体热衷于大肆报道王家卫拍电影预算超支、制作周期长、对演员要求苛刻、不用剧本拍摄等问题。事实上,这些问题在中国香港地区、美国和欧洲的独立电影界都很普遍。比如,在 60 年代到 80 年代香港影坛的鼎盛时期,大多数剧本都是在很短的时间内完成的,导演不按照剧本拍摄;不过,其他导演拍摄电影的速度比王家卫快得多,并且是快几个月而不是几周。王家卫参与电影制作每一个环节的做法在欧美独立电影界并非闻所未闻,但这种做法在中国香港地区比较少见。

"王家卫到底用不用剧本?"这是影评人和影迷经常问的问题。1994 年接受米歇尔·西门特关于《重庆森林》的采访时,王家卫表示,影片是在《东邪西毒》中断制作的两个月间拍摄的,当时他正在等待某些后期制作设备到货:"我没事情做,就遵从直觉,决定去导《重庆森林》。"王家卫还说:"开始拍摄时,我还没有全部写好。"有意思的是,这种即兴发挥的风格得到了影迷的关注,他们喜欢这部影片的活力,以及王菲的真实表演。关于《春光乍泄》,王家卫在 1997 年告诉西门特和尼格瑞特,他到达阿根廷前只有一份两页的大纲。他在片场利用开始拍摄之前的时间写剧本。他还说道,让梁朝伟和张国荣在拍摄性爱场景时即兴发挥很有意思,因为即兴表演凸显了两位演员个性上的不同。张国荣想要试探界限,而梁朝伟却对出演同性性爱场景感到担忧。

不幸的是,"不用剧本"的方法不适合英语电影《蓝莓之夜》(*My Blueberry Nights*)。2007 年接受《香港电影》杂志的采访时,王家卫透露,他在拍摄前请到了小说家劳伦斯·布洛克①共同创作剧本。尽管拍摄前已经有完整的剧本,但王家卫保留了修改剧本的权利。在拍摄过程中,他告诉演员他们可以对剧本进行改动,并寻求剧组中本地人的反馈。2008 年,王家卫告诉托尼·雷恩斯,他鼓励这种"尝试不同想法"的方式,因为"很多关于中国人的电影——外国人拍摄的——在我们看来都很奇怪,我不想重蹈覆辙"。

王家卫坚称人物,而不是情节,是他影片的驱动力。但是,他影片中的人物往往反映了演员本人的个性。据说在现实生活中,王菲就像她在《重庆森林》中的角色一

---

① 劳伦斯·布洛克(Lawrence Block,1938—),美国作家,当代美国硬汉派侦探小说大师,代表作有《八百万种死法》等。——译注

样难以捉摸,梁朝伟就像《春光乍泄》中的黎耀辉那样心事重重,诺拉·琼斯(Norah Jones)就像《蓝莓之夜》中的角色一样直接。王家卫花很长时间与演员就人物进行沟通。1989年接受天使采访和1994年接受西门特采访时,王家卫提到刚刚开始拍摄时进展很慢,因为他不会给演员用来排练的剧本。他更喜欢与他们交流,让演员了解人物的内心。比如,章子怡不了解香港老电影是如何表现舞女的,王家卫花了不少时间与她交流,让她穿上那个时代女子的服饰练习。王家卫在实验、拍摄、再拍摄的过程中寻找演员的共同节奏,一旦找到,拍摄就会流畅得多。解释为何不希望演员排练时,王家卫说:"并不是……类似一件衣服找人试穿,不是这样的。我一般都是看见了你,我认为你应该穿什么衣服。"(《香港电影》,2007)王家卫和演员的关系能够激发出演员的最佳状态,香港电影金像奖和香港电影评论学会大奖——分别代表电影界和评论界——颁发的诸多表演提名与奖项就是很好的证明。

电影作者往往身兼数职,既是制作人又是导演和编剧,王家卫也不例外。除了《蓝莓之夜》和《一代宗师》,王家卫是其所有作品的唯一署名编剧。1990年,魏绍恩问王家卫为何不与编剧合作。王家卫回答道:"没有编剧愿意跟导演共同奋斗这么长的一段时间的,他们也得吃饭嘛。"

除了漫长的前期制作和拍摄过程,王家卫也会在后期制作——尤其是剪辑上——花很多时间。杨慧兰和刘慈匀在1994年采访王家卫时,问他为何要在剪辑上花这么多时间。王家卫表示,这个过程非常花时间,是因为他拍摄了大量可以用在成片中的影像。未剪辑的版本比电影长很多。然而,王家卫不会被这些片段所束缚。如果他认为有些场景是多余的,或者不适合成片,就会毫不犹豫将其删除。

有时,剪辑过程特别漫长,这是因为王家卫用"粗略剧本"拍摄,在剪辑过程中构建故事。他告诉杨慧兰和刘慈匀,制作《东邪西毒》时,他将很多碎片化的场景拼成了一个连贯的故事。《春光乍泄》也是如此。他用不同的场景和镜头的组合尝试制作不同的版本;剪辑"主要是删减,而非添加"。最终,香港歌手关淑怡的所有戏全部被剪掉了。(《摄氏零度·春光再现》收录了关淑怡饰演的人物的片段。)2000年接受西门特和尼格瑞特采访时,王家卫表示《花样年华》有两个多小时的原始素材,他一个场景一个场景剪辑,理出故事结构。"去戛纳"成了截止日期的代名词。但在戛纳得到的反馈会让王家卫再次对影片进行剪辑。不同的剪辑版本让影迷十分兴奋;他们想要看自己所在地区不放映的那些版本。硬核影迷通常会收集不同地区的DVD并相互比较。这样看来,王家卫继承了香港影坛长期以来推出不同剪辑版本的做法。传统上,第一版会在午夜场首映;收集观众反馈之后进行第二次剪辑;而后为了满足海外市场的规定及不同市场的口味,进一步对影片进行剪辑。

王家卫几次在接受采访时解释,为什么有些电影需要多次剪辑。关于他的第一部长片《旺角卡门》,王家卫在1988年接受乐正的采访时,承认香港版本刘德华被杀的结局比较弱,但可以接受。台湾版的结局不同,是刘德华变成痴呆。香港观众比较不同版本的结局,讨论哪个版本更好。《重庆森林》午夜场首映版本比最终版本长十五分钟,有更多林青霞的镜头。据杨慧兰和刘慈匀的访谈(1994)可知,王家卫负责剪辑林青霞的部分,张叔平负责剪辑王菲的部分。他们直到最后才知道对方剪的部分有多长。剪辑《东邪西毒:终极版》时,王家卫向其中加入了原版没有的片段,因为在重新制作的过程中,他发现海外唐人街放映的版本较长。海外发行商为了吸引海外华人观众,向影片中加入了更多的动作场面(乌,2008)。原有的电影胶片及各种唐人街版本为王家卫修复底片、重新配乐和调色提供了很多素材。他相信重新剪辑后的影片的故事结构更加清晰。

王家卫喜欢将他的一些作品视作几个故事的集合。《阿飞正传》最初的构思是要拍成讲述多个故事的两部电影;然而,糟糕的票房表现导致投资者撤回了资金,因此计划好的续集没有拍摄。王家卫曾设想过制作时长三四个小时的录像带版《阿飞正传》。同样,《重庆森林》最初的构想是包含三个故事,其中一个后来被《堕落天使》收录。

传闻《一代宗师》有时长六个小时的终极版,但王家卫否认了该版本的存在。然而,市面上共有四个版本:

3D版(也是最长的版本)、华语地区版、欧洲版和不到两个小时的美国版。不同的时长不仅反映了对不同市场的期待,也反映了叶问的故事如何吸引不同的观众。比如,美国版详细说明了"中华民国"的历史,突出了叶问和李小龙的关系,但这两点在华语地区版中都被淡化了。接受波兰(2013)和穆里根(2013)的采访时,王家卫说想要用不同的方式讲述这个故事,尽管他认为时长不同的版本仍旧是同一部电影,对它们也都一视同仁。

《一代宗师》在香港上映两年之后,王家卫推出了这部影片的3D版本。相较于故事发生的时代,该版本更专注于叶问这个人物。和大多数电影导演不同,王家卫对3D版本的制作进行了全程监督,因此进一步证实了他总是不断剪辑的说法。应影迷的要求,他又向另外一个版本中加入了被认为不适合3D版的两个片段。他解释道:"不为人知的事情……这对观众来说是一个很吸引(人)的东西,也是(我)愿意跟大家分享的。"①

① 安莹:《王家卫:〈一代宗师〉本应拍成三部电影》,原载于《新京报》2015年1月9日。由于版权限制,中译本未收录该访谈。——译注

有些评论家声称,在采访中提到被删减镜头是一种营销策略。一旦影迷知道有删减镜头、其他结局和不同版本,他们就会想看,然后每个版本都买。不过,王家卫电影中的有些删减镜头可以在网上看到,或被 DVD 收录。比如,《花样年华》的标准收藏版 DVD 就收录了梁朝伟和张曼玉在柬埔寨再次相遇的被删减片段。

与大多数香港导演不同,王家卫不惧怕借鉴伟大的电影导演和文学作品。有些影迷说他的电影文学性太强了,他说这只是一种表象(杨慧兰和刘慈匀,1994)。

我们可以在多大程度上以王家卫的人生经历和对他有影响的艺术为基础去解读他的电影?"60 年代三部曲"(《阿飞正传》《花样年华》《2046》)似乎反映了王家卫刚刚和母亲一起从上海搬到香港时对香港的印象。在多场访谈中,王家卫都提到了刚刚和母亲来到香港时他对这座城市的印象。因为不会说粤语,他知道自己是外来者。

在香港生活多年之后,王家卫感到上海人正在失去他们的身份。如今,上海人和广东人已经没有区别了;只有香港人。《花样年华》是他"展示上海人群体的真实面貌"(西门特和尼格瑞特，2000)的尝试，因为就连当代上海人都不太了解他们的群体、习俗和仪式。王家卫力图在他的影片中留住那段历史的吉光片羽。《花样年华》的英文字幕省略了60年代香港的上海人生活方式中的一些小细节。因为这最初是一部有关食物的电影，王家卫在片中张曼玉和房东一家吃的东西上花了很多心思。影片中提到的上海人家里吃的一种蔬菜暗示了时令。

除了守护他对上海人生活方式的记忆之外，王家卫还渴望留住即将消失或者已经消失的建筑和传统。王家卫用电影底片记录湾仔——该地区因土地开发而发生了巨大的变化——的老建筑（麦圣希，1995）。比如，《2046》中的旅馆是电影上映后被拆除的一座监狱。王家卫相信，未来的观众会在他的电影中看到这些刚刚被拆除的建筑原来的样子，会思考香港过去是什么样子。

《一代宗师》也尝试留住一些即将逝去的东西——这一次是不同的武术流派。影片原名《大师们》(The Grandmasters)，王家卫不仅仅想表现叶问和他的武术流派；他想要通过叶问及其身边人的故事展示好几个武术流派。令王家卫感到遗憾的是，与武术相关的文化传统正在消亡，因为中国只将武术看作教练训练学生的运动，而不是师傅像父亲一样教导徒弟的门派。他希望这部影片能够让公众重燃对学习武术的兴趣，不将其视为一项运动，而是将其看作一种传统艺术。[①]

回答有关其艺术视角的问题时，王家卫总是三缄其口，观众对王家卫的迷恋很大程度上来源于此。在采访中，王家卫很擅长解释他的影片是如何拍摄的，但很少谈对自己作品的看法。如前所述，记者一旦提到他的作品是艺术电影，他就会反驳，并表示自己的影片其实很商业化。1995年接受麦圣希采访时，王家卫被问及偏爱平实的表演还是戏剧化的表演，他的答案进一步展现了他对自己作品的暧昧态度。王家卫答道，只要是好的表演都可以；然而，"很多时候好的演技是你说不出来的"。当被问及是否喜欢某种特定的电影类型时，他又说只要是好

[①] 李宏宇：《一代宗师，还是一代理发师？——王家卫的选择题》，原载于《南方周末》2013年1月10日。由于版权限制，中译本未收录该访谈。——译注

电影都喜欢。

尽管王家卫不太愿意列举对他有影响的电影导演，但他并不避讳分享自己对喜欢的电影导演的看法。刚到香港的时候，王家卫和他母亲每天都去电影院。他们每天都看好几部电影，不论是好莱坞、欧洲的电影，还是日本的电影。大学期间——以及经他的合作伙伴谭家明介绍——王家卫看了小津安二郎、黑泽明、贝纳尔多·贝托鲁奇①、米开朗基罗·安东尼奥尼（Michelangelo Antonioni）、埃里克·侯麦（Éric Rohmer）和罗伯特·布列松（Robert Bresson）的作品。1994年接受杨慧兰和刘慈匀的采访时，他提到布列松教他不要做无用功。王家卫在《花样年华》中模仿布列松，在封闭的小空间内拍摄特写镜头。在同一次访谈中，王家卫评论了不少其他导演：克日什托夫·基耶斯洛夫斯基②、马丁·斯科塞斯（Martin

---

① 贝纳尔多·贝托鲁奇（Bernardo Bertolucci，1941—2018），意大利导演、编剧，获得第64届戛纳电影节终身成就奖，代表作有《末代皇帝》等。——译注

② 克日什托夫·基耶斯洛夫斯基（Krzysztof Kieslowski，1941—1996），波兰导演、编剧，代表作有《蓝白红三部曲》《两生花》等。——译注

Scorsese)、莱奥·卡拉克斯①、格斯·范·桑特②、安德烈·塔可夫斯基(Andrei Tarkovsky)、侯孝贤、张艺谋和张元。他高度评价塔可夫斯基的《乡愁》(*Nostalgia*)和侯孝贤的《悲情城市》——他认为这是史上最好的电影。在另外一次访谈——关于分段式电影《爱神》(*Eros*)中王家卫执导的《手》(*The Hand*)——中,王家卫指出,安东尼奥尼的《蚀》(*L'eclisse*)让他明白,电影主角不一定是人,也可以是空间。③

---

① 莱奥·卡拉克斯(Leos Carax,1960—　),法国导演、编剧、演员,代表作有《坏血》《新桥恋人》等。——译注
② 格斯·范·桑特(Gus Van Sant,1952—　),美国导演,代表作有《巴黎,我爱你》《心灵捕手》等。——译注
③ 本书没有收录王家卫和蔡康永(中国台湾著名电视主持人,他的家庭来自上海)的对谈;该访谈被台湾版《爱神》DVD 的附加内容(bonus track)收录。王家卫告诉蔡康永,当安东尼奥尼邀请他参与拍摄分段式电影《爱神》时,他想到了新感觉派作家施蛰存的《薄暮的舞女》这个短篇小说。在故事中,施蛰存用对话表现舞女的境况。王家卫在采访中提及,这部电影更多是关于偷听,而不是偷窥。他还说他年轻的时候会拜访他同学的一位邻居,而那位邻居的姐姐就是夜店舞女。因为她很晚才起床,王家卫能听到她房间里的声音,但很少见到她。这种“听到但是看不到”的感觉激发了王家卫的想象。影片的另一个灵感来源是巩俐的手,据说她的手很柔软、很性感,所以王家卫决定拍摄一部关于她的手的电影。

　　文化评论家和影迷喜欢王家卫的电影,因为他们欣赏影片中对话、内心独白和叙事的文学性。果不其然,王家卫热爱阅读,他对文学的热爱在他的影片和采访中都有所体现。中国现代文学是王家卫拍摄电影的灵感来源。《东邪西毒》关注两位主人公——金庸《射雕英雄传》中的东邪和西毒——的早年经历。《花样年华》和《2046》的灵感来自刘以鬯——一位在上海出生与成长的香港作家——的《对倒》和《酒徒》。《花样年华》和《2046》让香港学者再度关注刘以鬯的作品(蓝祖蔚,2004)。《爱神》中的《手》改编自施蛰存的《薄暮的舞女》。

　　当然,王家卫的文学知识不仅仅局限于中国现代文学。1994年接受林耀德采访时,他探讨了自己成长过程中阅读的书。因为他的父亲认为小时候应该多读经典,王家卫很早就开始阅读中国古典文学。为了与“文革”期间留在内地的哥哥姐姐保持联系,王家卫写信和他们探讨世界文学,如巴尔扎克的《人间喜剧》,以及约翰·斯坦贝克、欧内斯特·海明威的作品。后来,王家卫还阅读了日本作家的作品,如川端康成、安部公房、太宰治和横光利一①；中国现代作家的作品，如鲁迅、周作人、老舍和穆时英；还有拉丁美洲作家的作品，如加西亚·马尔克斯，他的《一桩事先张扬的凶杀案》让王家卫看到了非线性叙事的可能性。阿根廷作家曼努埃尔·普伊格（Manuel Puig）的《蜘蛛女之吻》和《红唇》也是王家卫最喜欢的作品。

王家卫很关注他影片的音乐和声音。有些香港新浪潮导演坚持在他们的作品中用新作曲的音乐，但王家卫同时使用电影原创音乐和现成的音乐。他将自己视为电影的DJ，有时会将自己喜欢的音乐融入影片。比如，王家卫在《旺角卡门》的高潮部分（张曼玉和刘德华在一个电话亭里接吻）用了《让我难以呼吸》（"Take My Breath Away"）。王家卫选择这首歌的理由是这里需要一首歌，而他恰好喜欢这首歌。他没有提前为这个片段想好一首歌。《花样年华》和《2046》中的拉丁音乐是对王家卫成长

---

① 横光利一（1898—1947），日本小说家，与川端康成等十四人创办《文艺时代》，推动新感觉派文学。——译注

过程中经常听的音乐的体现。他的父亲是一位夜店经理,菲律宾乐队会演奏很多拉丁音乐的翻唱版本。尽管这些影片都用了现成的音乐,但王家卫并不避讳使用原创音乐;然而,选择原创音乐充满不确定性。王家卫认为导演和音乐人沟通一般很困难,因为双方使用的语言不同。他和陈勋奇在《东邪西毒》中的合作之所以能够成功,是因为陈勋奇既是音乐人又是导演。

选择音乐之外,王家卫有一些经常合作的伙伴——最著名的是艺术指导兼剪辑张叔平和摄影师杜可风(Christopher Doyle)。三人的频繁合作引来了问题:导演在多大程度上是唯一具有决定权的作者?王家卫的作品是否都是共同创作的产物?王家卫时常在采访中提到张叔平和杜可风,并认可他们在他的电影中起到的重要作用。1994年接受西门特采访时,王家卫把自己形容为与张叔平和杜可风即兴演奏的队长。因为从很久之前就开始一直合作,张叔平和杜可风了解王家卫的预期,认同他的艺术愿景。

张叔平从《旺角卡门》就开始和王家卫合作。他以王家卫的艺术指导的身份为人所熟知,但也担任王家卫作品的剪辑(有时不署名)。王家卫提到张叔平时说:"他会毫不犹豫地删减掉画面，即便布景花费了很多精力和时间！"（西门特和尼格瑞特，1997）《香港电影》杂志（2007）问王家卫其作品的美学是他的构想还是张叔平的构想。王家卫表示他和张叔平的想法十分相似，他们不用交流就知道对方心里在想什么。

另外一位长期的合作伙伴杜可风从《阿飞正传》就开始担任王家卫的摄影师。王家卫很少就灯光、颜色或取景给杜可风指示，因为杜可风知道他要什么。"他移动镜头时，我甚至不用看监视器，因为看他的动作我就知道画面会是怎么样的。"（西门特和尼格瑞特，1997）

在最早的两次关于《旺角卡门》的采访中，王家卫透露了他对拍摄过程的看法，比如是否需要做研究，以及经常和同一批人合作。在导演生涯之初，王家卫告知记者，"我是不相信 research（做研究）的，因为一个人的故事，是不可以在一日半日内倾诉出来"，他希望自己可以像伊丹十三①那样从容（乐正，1988）。王家卫似乎非常独立

① 伊丹十三(1933—1997)，日本电影演员、导演、编剧，导演作品主要有《受监护的女人》等，参演作品主要有《家族游戏》等。——译注

自主——他自己勘景并进行后期制作。在 1988 年采访的最后，卓之评论了这种独立自主："也许有一日，他的作品会全由他个人去担任，这必能带给他无比的满足。（相信他做监制的时候）会暂且收起浪漫，明智地写实起来！"随着王家卫电影事业的发展，他体会到研究和合作的重要性。《一代宗师》开拍之前，他做了很多研究。尽管喜欢和同一批人合作，但近年来，王家卫除了张叔平和杜可风，还扩充了他的合作者群体（乐正，1988）。

致　谢

李惠铭谨在此感谢所有慷慨允许本书转载及翻译相关访谈稿的出版方和作者。在此,他也希望感谢以下朋友的帮助:感谢陆方龙联系中国台湾地区的出版社,感谢莫里斯·梁(Maurice Leung)和罗伊·陈(Roy Chan)翻译并校对了部分文章。

李沛然谨在此感谢萨福克大学以下人员的帮助:现代语言与文化研究系的玛乔丽·萨尔沃登(Marjorie Sal-vodon),她运用纯熟的技艺将法语译成英语;迈克尔·迪洛雷托(Michael DiLoreto)、约瑟芬·艾姆斯(Josephine Ames)、安德鲁·哈德森(Andrew Hudson)、杰西卡·巴特尔(Jessica Bartel)和艾米丽·希斯尔(Emily Thistle)，感谢他们的帮助；感谢萨福克大学校友杰克·穆里根分享关于《一代宗师》的采访全文（缩减版原载于《偏锋》杂志）。

当然，主编对所有错误负责。

年 表

1958年　7月17日生于上海。父亲是酒店经理,母亲是家庭主妇。王家卫是三个孩子中最小的。

1963年　与母亲一起移居香港,在尖沙咀地区生活。

1980年　在香港理工学院(香港理工大学前身)就读,主修平面设计。

1982年　退学,参加TVB的导演培训班。结业后在TVB担任编剧。制作第一部电视剧《执到宝》。担任《轮流传》的助理导演。创作第一部剧本《彩云曲》。

1985年　创作喜剧《吉人天相》剧本。在大荣电影制作有限公司认识邓光荣（最初是演员，后来转做制作人）。

1986 年　创作《最后胜利》剧本。

1988 年　执导《旺角卡门》，影片收获好评，票房表现良好。

1989 年　《旺角卡门》获第八届香港电影金像奖最佳男配角（张学友）、最佳美术指导（张叔平）奖项。《旺角卡门》在戛纳电影节国际影评人周放映。

1990 年　《阿飞正传》上映，但观众反响不佳，影片被迫下映。

1991 年　《阿飞正传》获第十届香港电影金像奖五个奖项：最佳电影、最佳导演、最佳男主角（张国荣）、最佳美术指导、最佳摄影。电影在影院重映，观众仍不买账。

1992 年　与刘镇伟共创泽东电影有限公司。

1994 年　《重庆森林》上映。两个月后，《东邪西毒》上映。《重庆森林》是在《东邪西毒》漫长的制作过程中拍摄的。

1995 年　《堕落天使》在香港上映。《重庆森林》获第十四届香港电影金像奖四个奖项：最佳电影、最佳导演、最佳男主角（梁朝伟）和最佳剪接。《东邪西毒》获三个奖项：最佳美术指导、最佳摄影、最佳服装造型设计。两部电影在七个类别中相互竞争，包括最佳电影、最佳导演、最佳编剧、最佳美术指导。《东邪西毒》获香港电影评论学会大奖最佳电影、最佳导演、最佳编剧和最佳男演员（张国荣）奖项。

1996 年　《堕落天使》获第十五届香港电影金像奖三个奖项：最佳女配角（莫文蔚）、最佳摄影、最佳原创电影音乐。《重庆森林》是第一部在美国上映的王家卫作品，其 DVD 由昆汀·塔伦蒂诺（Quentin Tarantino）创立的发行公司滚雷（Rolling Thunder）发行。王家卫首次拍摄广告，与品牌菊池武夫合作。

1997 年　《春光乍泄》上映。王家卫在戛纳电影节获最佳导演奖，这是王家卫收获的第一个国际大奖，也是中国导演第一次获此奖项。《春光乍泄》获金棕榈奖提名。

1998 年 《堕落天使》在美国上映。王家卫提到《花样年华》在进行前期制作。梁朝伟获第十七届香港电影金像奖最佳男主角奖。

2000 年 《花样年华》上映。5 月,影片在戛纳电影节首映,梁朝伟获最佳男演员奖。影片获技术大奖,并获金棕榈奖提名。《花样年华》在香港文化中心首映。

2001 年 《花样年华》在美国上映。影片获香港电影金像奖五个奖项:最佳男主角(梁朝伟)、最佳女主角(张曼玉)、最佳美术指导、最佳服装造型设计、最佳剪接。影片另收获六个最佳外语片奖,包括纽约影评人协会奖和英国独立电影奖。王家卫执导宝马宣传短片。王家卫因对社会的贡献被中国香港特区政府授予铜紫荆星章。

2004 年 《2046》上映。影片在戛纳电影节首映,并获金棕榈奖提名。

2005 年 《2046》在美国上映。影片获香港电影金像奖六个奖项:最佳男主角(梁朝伟)、最佳女主角

（章子怡）、最佳摄影、最佳美术指导、最佳服装
造型设计和最佳原创电影音乐。9月，《爱神》
在威尼斯电影节首映。

2006年　王家卫担任戛纳电影节评委会主席，并获法国
荣誉军团勋章。

2007年　王家卫的第一部英文长片《蓝莓之夜》在戛纳
电影节首映。《手》作为分段式电影《爱神》的
一部分上映。王家卫获香港公开大学社会科
学荣誉博士学位。

2008年　《蓝莓之夜》在美国上映。经过修复、对话重新
配音的《东邪西毒：终极版》上映；不过张国荣
的声音被保留，因为他已于2003年去世。

2013年　《一代宗师》上映，是柏林电影节的开幕影片。
王家卫因对电影的贡献获法国政府颁发的法
国艺术及文学勋章。

2014年　王家卫在第四十五届印度国际电影节上获终
身成就奖。《一代宗师》获第三十三届香港电
影金像奖十二个奖项：最佳电影、最佳导演、最
佳编剧、最佳女主角（章子怡）、最佳男配角（张

晋)、最佳美术指导、最佳摄影、最佳剪接、最佳服装造型设计、最佳动作设计、最佳原创电影音乐和最佳音响效果。《一代宗师》获两项奥斯卡奖提名:最佳摄影和最佳服装设计。王家卫担任柏林电影节评委会主席。

2015年　《一代宗师》3D版在大陆和台湾地区上映。

2016年　为庆祝泽东电影有限公司成立二十五周年,第四十届香港国际电影节放映了该公司制作的王家卫作品,包括《一代宗师》3D版和六十分钟版的《手》。

王家卫纵谈《旺角卡门》

乐正/1988 年

　　推门进去,试片间的位子都差不多坐满了,眼前烟雾
缭绕,还没有坐稳,便开始放映了。看戏时,脑际不时荡
起千百个问号;待散场之后,便找着导演王家卫问个究竟。

　　他说曾参与《彩云曲》的编剧工作,加入永佳之后认
识了谭家明,构思了《最后胜利》及《我爱金龟婿》(后改由
陈勋奇导演),戏拍不成。兜兜转转,方才拍了第一部戏。

　　乐正:为什么叫《旺角卡门》?

　　王家卫:《旺角卡门》其实是另一个故事,讲一个青年
干探(警探)喜欢上一个舞女,将卡门的故事放在旺角。

不过几个演员误以为我现在是拍那个故事,记者问他们拍什么戏时,他们便说是《旺角卡门》。原本是想在上戏前更正的,但大家也觉得没有什么不妥,也就让误会继续。

乐正:怎样开始构思这个戏的?

王家卫:在创作《最后胜利》之前,我便已有了《旺角卡门》的故事梗概。我是从一则很短的新闻发展出这个意念来的。那则新闻是有关两个未成年少年,被黑帮主使前往杀人,收钱后,狂欢一夜,清早便展开杀人行动。

乐正:可否分析戏中三人的性格?

王家卫:三人均在做着一些不应做的事。张曼玉是不应与刘德华在一起的,他于她是一个诱惑。但 end up (最终)也是无法得到的。乌蝇(张学友)则尝试做一些能力以外的事,而他也不断在试。刘德华则不应照顾学友的,但他没有办法。

乐正:这是你长久以来的想法,还是只是对这几个角色的感觉?

王家卫：想故事并不能预先定下框框的，故事一边发展，人物的性格与你的偏好是分不开的。它可能有多样化的发展，但也是源出于你的。可以这样说，我是以我的认识，来认为这些人会有这种反应。我的戏是没有故事性的，全由人物的性格发展出情节来，我觉得故事不重要的，人物才是要紧。

乐正：可否谈谈《最后胜利》与《旺角卡门》的关系？

王家卫：可能是"夹"的关系，所以两部片的触角有少许相似。两片的剧本同是出自我的手笔，所牵涉的人物、theme（主题）也差不多，所以令人有相似的感觉。当时，我们有三个故事在手，同是有关这种人物由未成年到成年，差不多有点厌倦。人物是一直在发展的，可能是其中部分的延续。这些人物全都是我在那一段时间认识的，是我对他们的一些描写，我觉得他们很有趣。我是不相信 research（做研究）的，因为一个人的故事，是不可以在一日半日内倾诉出来，这需要时间。我和他们是朋友，有很多时间聚在一起，连他们的生活我也了如指掌。只有明白这些人，才可以开始创作，因为对一样东西不清楚的话,始终是隔了一层。

写这类人物时,一般的去法(方法)是江湖片(黑帮片)。我写得则没有那么黑白分明,剧中人也有很多缺点,就像刘德华,你不可以说他是一个正面人物。也许这不是一般观众所能接受的。又例如《最后胜利》,徐克与曾志伟也有很多缺点的。但我觉得他们是人,人必定有缺点。至于观众接受与否,可能也取决于人物的描写是否够完整,完整的话,观众便会找到那个感觉。

《最后胜利》是以谭家明的包装去拍,可能那个阶层的人看戏时也会将自己抽离而未能投入,我这部也会有这个问题。但如果拍得太 raw(原始)的话,相信会颇为大胆。我的角度,是在这些人物主线之内拍我的感觉。

乐正:片中人物的感情关系颇为特别,为什么?

王家卫:有一种东西是很难写的,一个男人,为何喜欢一个女人,两兄弟的感情,等等,均属非常微妙。但我想提出,时间是最大的因素,人与人的接触。假如在一大段日子内,我均与你一起,就像揭开日历,每天都有你的踪迹,那这些感情是来得不知不觉的。我不知道为什么要帮你,但我做了。这在《最后胜利》尾段海边一场已说得很清楚。

乐正:又如《最后胜利》的曾志伟与李丽珍,及《旺角卡门》的刘德华与张曼玉,感情来得这么"无情情",点解(为什么)?

王家卫:我感觉,男女感情不可以用篇幅长短来衡量,就如《魂断蓝桥》,仅在地下道一个碰面,感情便出来了。至于码头一场的闪电,完全是大自然的作用,没有特别的意思。

乐正:戏中的配乐来得非常突然,是你的主意?

王家卫:有些是故意的,有的则因为后期制作时间太短,赶得很厉害。例如《让我难以呼吸》几段,原本是安排有一首 love theme(爱的主题)的,但因版权问题弃用。戏在 27 日拍完,4 日上午夜场[1],所以随手有什么音乐便

① 二十世纪八九十年代,午夜首映在香港影坛很常见。电影人会根据观众反应对影片进行重新剪辑,因此影片的最终版本会和午夜首映版本有所不同。

找来用。[现在戏院放的 C copy(C 拷贝),我也是上画(上映)时才第一次看。在拍片期间最后一个月,差不多日夜赶拍,所以我将很多文戏交给了张叔平剪,因为他最了解我这部戏,他也剪得很好。有两场 action(动作戏)是谭家明剪的,万梓良的戏份由柯星沛剪,关锦鹏助我配对白,final cut(最终版本)由我自己决定。]

直至现在,我还在做一些 mixing(混音)工作,将一些配乐做得好一点。

乐正:有没有任何删减?

王家卫:结局改了,没有了监狱一场,就让刘德华在枪战中死去,不要他受伤后变成痴呆、张曼玉无言相对一幕①。改的原因是戏本身太长了,九千三百英尺是不可能上的。另外也有太多人希望刘德华死去,因为他们不能接受他变成白痴,痴呆比死去更令人难受。我也觉得无所谓,在这里 cut(结束)戏的意思其实也一样。因为我

---

① 刘德华变成痴呆的结局被用在了这部影片的台湾版中。另外,台湾版的中文名不是《旺角卡门》,而是《热血男儿》。

只想讲他们有一些 energy（活力），他们怎样发泄，过后的结果怎样，分别已不大。这完全是本能，在那一分钟，没有顾虑后果便做了。从不加以理性考虑。

乐正：是否行动之前有很理性的筹划，但最后决定时还是异常地感性？

王家卫：可能是做之前还一边抑制自己，但最后还是做了。这种人我认识很多，我也目睹他们这样做。这种人在到达一个年纪时，便会世故起来，energy 开始收了，而当他 aware（意识）到自己已经不能想到就去做的时候，他会有点悲哀。

乐正：这个更改你是否满意？

王家卫：现在的 ending（结局）是一个最经济的拍法，对一般观众来说也是太简单了，还未有足够的时间与tension（张力），令观众进入最后的高潮。我觉得这个ending 是 weak（弱）的，但总算已有交代了。

乐正：几场动作戏均非常特别，是否临场构思的？此外,它们是否代表几个不同的阶段?

王家卫:其实我不喜欢太招式化的打斗,真正的 violence(暴力)不在招式,而是在那份感觉。每一场打斗必定要有一个 point(视角),如大排档一场,我完全是以刘德华的观点(视角)拍摄。他想杀哪一个,镜头便不断影着(跟着)那人,他的眼睛只盯紧那人,而完全不知道身边有什么事发生。他当时的心情就如那个大排档一样,热血沸腾,只知道斩,斩完后戾气便消。

波楼(桌球房)追逐一场,则是一件突发事件。结局一场则跳进了张学友内心。在这个敏感时刻,他的听觉是特别敏锐的,所以你会听到嘈吵(嘈杂)的警车声、人声。

乐正:打斗时的震镜效果是怎样做的?

王家卫:那些效果我是以"加格"拍摄的。先在现场以十二格(一般电影是二十四格)拍摄,再在冲印时每格菲林(胶片)印多一格,便有这个效果。

乐正:拍其他场面时有没有其他困难?

王家卫：我们在周末晚拍百老汇戏院外的一场打斗，原本是偷拍的，但一 set（架）好机器，途人便围起来了。一有差人（警察）干涉，我们便收队，差人走后继续拍，一共只拍了三小时。全组人士气高涨，其他工作人员也惊（害怕）不能成功，但我还是没有怕。我相信没有戏是拍不到的。我觉得蛮好玩，很有挑战性。

乐正：刘德华家的陈设有没有特别的意思？

王家卫：刘德华家的设计，我是要它有明显的日夜之别。一到晚上，电视机一开，这些人便会出现，我要它标志着夜生活的开始。在白天，内里的一切均是四平八稳的，但在晚间，则镜头活动多了，角度也变得很怪。刘德华起床开电视那组镜头便为一例。

访问期间，他不住地提道：他对摄影及灯光的控制极严；他对《穷街陋巷》（*Mean Streets*，马丁·斯科塞斯导演）的种种感觉；由谭家明拍《旺角卡门》会怎样；拍摄后期自觉拍片要从容；而日本的伊丹十三是如何从容。他更对自己说，拍电影也是为了乐趣。他解释，这样会无视过程中的困难，事件的结果更是次要。

"Wong Kar-wai on *As Tears Go By*" by Lok Ching from *City Entertainment*, no. 241, pp. 24 – 25. Interview conducted in Cantonese in 1988.

独当一面的王家卫

卓之/1988 年

开始已能独当一面的编剧来说,王家卫要算是有才华且带点运气。他感激甘国亮①给他起步的机会,也将这机会从电视荧光屏带进了电影大银幕;而一直维持至今。

回顾他个人创作的作品,就只有《最后胜利》他较为满意,因为该片导演谭家明较能(实现)编剧的理想。

---

① 甘国亮(1950—),中国香港导演、编剧、演员,曾任香港多家媒体的高层管理人员。——译注

王家卫：以往合作过的导演都有不同的长处，身为编剧的我，很明白编与导之间的默契和认同的重要。当然，这不可能从开几次会议中启发出来，所以我喜欢和些较相熟，而又能互相了解的导演合作。这不表示我害怕与其他导演沟通。能真正地沟通，起码要合作两部片以上才能有此感觉。相信行家们也许都曾有被删改剧本的遭遇，可接受的程度亦视乎个人而定。例如一场感情戏，编剧用不少篇幅去表达，但导演可能用一两个镜头便已交代清楚。我倒接受这类型的删改，还觉得能增加经验。如果编与导的思想完全合一当然好，这没有可能；亦出于这原因，我会配合导演的要求——尤其是认识的——便能体会对方表达的方式，而尽量满足对方，也不致使其和自己的想法相差太远。

王家卫走进了电影圈，由新艺城到永佳，再从邓光荣①处得到另一个机会，不单令他监制《江湖龙虎斗》《猛鬼差馆》，也使他成为《旺角卡门》的编导。

———————

① 邓光荣(1946—2011)，中国香港电影演员、制作人和导演。——译注

　　然而，编导集于一身，无疑是理想又理想，写的拍的都十分个人，矛盾固然减少，但会否太偏激，尤其在预算控制方面，会否因满足个人的表达而有所疏忽？

　　王家卫：过往在编剧创作方面，为着迁就制作费用而配合的经验，我遇到不少。相信不一定是成本愈高便质素（质量）相应提高，况且（高成本也不是）票房的证明。虽然在某种程度上我会坚持，加上我认为自己要求较唯美，这倒令制片部有压力。我相信每位导演都一样。而我比较坚持，在选择外景和效果的配合方面——个人认为——在决定剧本的时候，制作预算已计算好，个别场口（场景）所需的支出我要预先知道，（这样）才能够双方沟通和配合。假如是一场不到一分钟的戏，而耗费庞大，当然需要妥协。（如果）在拍摄期间才获悉制作费用，不能配合的话，我不会接受这种控制方法。为什么要有筹备工作？至于某场戏原来要拍三天，出于演员撞期等特别原因，外景场地不能配合而迁就是合理的。

　　导演当然要配合制作预算去表达自己的作品。我通常会先让制作都知道每一场戏的拍法和需要费用，假如某方面未能配合,便可预先知道,处理便较为容易。这可能是我监制电影时得来的经验。在控制制作费用(上),我颇有信心。

然而《旺角卡门》还是超了预算,这是未能周详计划所致,因为演员(撞)期,最重要的是剧本突然改动。在拍摄进(程)中,(我们)发现桥段竟和另一间电影公司同时在拍摄的戏有所相似,故只好做出抉择,也因(此)令进度中断了一些日子。这部片由开戏日计至完成,共花了五个多月时间,(实际上)全部投入拍摄还是最后的一个半月。当然,这对整个预算有所影响,但碍于商业性的决定,不能避免。严格来讲,在处理方面是有缺点存在,从另一角度去衡量,也许能体谅到未能配合预算的理由。况且真正执行拍摄(只有)一个半月,也因排期的关系而有赶戏的需要,故而不能避免最不受欢迎的超过预算。

这次经验,也令我对拍摄、构思和实行这几方面有了新的认识。将来有机会再以导演或其他职位去处理相同的困难,该有点帮助。

王家卫在电影创作方面爱做多方面的尝试。他较喜欢写实而带点浪漫的题材,这与他个人性格不无关系。每位从事电影的创作者,作品少不免(免不了)都受自己的性格与喜恶所影响,都必定有个别专长,总不会是任何题材都胜任吧。在工作岗位上,王家卫也希望做不同尝试。据他透露,电影固然是他喜欢的工作,喜爱的程度也近乎发烧,所以任何岗位对他都是极大的挑战(并引起他极大的)兴趣。也许有一日,他的作品会全由他个人去担任,这必能带给他无比的满足。(相信他做监制的时候)会暂且收起浪漫,明智地写实起来!

"Wong Kar-wai Takes Charge" by Cheuk Chi from *City Entertainment*, no. 244, p. 17. Interview conducted in Cantonese in 1988.

疯狂的日子:菲律宾外景八日

天使/1989 年

疯狂的日子①,是《阿飞正传》在菲律宾拍摄一星期的真实写照。由于上映期限迫在眉睫,大队在舵手王家卫的领导下,晨昏颠倒地赶紧拍摄,彻夜不眠。

"目睹一件历史大事的发生,远比睡觉更为重要。"一位工作人员告诉我。

有人说:"电影人过的是非人生活。"我说:"飞人?"怪不得叫《阿飞正传》。

---

① 《阿飞正传》(*Days of Being Wild*)的英文片名是"疯狂的日子"的意思。——译注

王家卫：《阿飞正传》拖了这么长时间，最大问题是揾景（勘景）。因为没有自己的片场可以搭景，所以尽量揾（寻找）最接近的，然后再改装，但揾一个景要花很多时间。最初，大家比较乐观，真正实行才知原来十分困难。

（影片初期拍摄进度缓慢。）基本上，这是我拍戏的习惯，最初是尝试阶段，所以，NG①最多亦在戏开拍之初。因为我一定要 tune（调教）到演员同我一条路去，所以十分花时间。由于外界十分注意《阿飞正传》，所以声气（消息）传出去，令到（使得）事件变得好似十分严重，其实实际情况并非如想象般差。

这部《阿飞正传》与詹姆斯·迪恩的《阿飞正传》②完全无关。但因为一提起詹姆斯·迪恩的《阿飞正传》都会想到五六十年代，与本片年代吻合，便起用它，纯粹顺口！

它的灵感来自我对 60 年代香港的一种特殊感觉。故事讲人与人的关系，包括母子、男女朋友，时空交错十

---

① NG 是香港电视、电影界常用的词，意思是"不好"（No Good），需要重拍。

② 詹姆斯·迪恩（James Dean）主演的电影《无因的反叛》（*Rebel Without a Cause*，1955）在香港地区的译名也是《阿飞正传》。——译注

分厉害。

从前我可以轻松拍戏，拍完之后，才会有 noise（消息）。但外界因为《旺角卡门》开始注意我，令到现在拍的过程已经惹起众多注意，声气多多，这声气影响所有人的心情，不知道是好事抑或坏事。

我没有想过是否要拍一部 art film（艺术电影）。只因为小时候看到一部好片会十分开心，这些快乐完全是别人给予的，到我做导演，我亦希望俾到（给）观众这种感觉。

拍每一部戏的期望都是一样，希望会好，没有白花时间。我没有想过要揭开历史性的一页。

我完成无线第一期编导训练班，实习半年就出外拍片，效力过不同公司，至今已经九年。小时候最大乐趣是看电影，小时候不断吸收至一段时间后，就想到去拍戏，这是很自然的事……所有过去的经历累积成今日的 experience（经验），接触不同的人，了解更多，拍的电影亦更准确。咸苦个个都要受。乐观点看，这几年的经历对我是有益的。

天使：导演如何看他的演员？

王家卫：我觉得他（刘德华）最近几年拍了太多江湖片（黑帮片），他真人并非这么江湖。虽然有时候他会有情绪波动，会敏感，但基本上是一个十分阳光的人。

我要求他给我一张"白纸"，即抱着一个完全没有过往演戏经验的心态参与《阿飞正传》的演出。对于一个演员而言，会比较 insecure（没有安全感）。他会感到其他演员有很多花款（花样），但自己就什么都没有。但我希望可以做出平衡，某些人平凡，某些人好戏剧性，一个戏应该是这样的。

他（张国荣）演得相当好，演自己嘛，《阿飞正传》有若干地方十分接近他本人的性格。

他不是这么 basic（简单）的人，演放纵不羁的角色最适合他。

她（刘嘉玲）好 physical（直爽），想要就会要，心理过程好直接。

性格分明，是一个十分硬净（坚强）的演员，生命力很强。

最初，她的角色性格是十分多变化的，跟现在的不同。她最初演一个带少少（一点点）精神分裂的女人，但剧本经过不断修改后，角色性格现在变成全剧最直接，是那种睡醒一觉就完全没事的人。

刘嘉玲的最大好处，是她够自然。她演戏经验不多，反而对她是一件好事，没有 stereotype（刻板）的做戏方程式，一个演员最矜贵在此。

张学友是百分之一百热心的人，有一种北方人的热诚，这类人最易受伤害。

演员跟我合作得多，会欠缺挑战性，因为永远都做自己。如果张学友做《笑傲江湖》，演那个奸角，他会更有演的感觉。但我是不喜欢"演"的方法，让我看得出演员在演戏，我会觉得无瘾（无趣）……我喜欢真实。

张曼玉在《阿飞正传》里演一个好平凡的女孩子，跟华仔一样，角色相当难演。

张曼玉好特别，是那种完全不适宜去做、去 act（表演）的演员。她的动作本身已经异常复杂，基本上（是）不需（要）说话（就）已经可以表达内心感受的演员，这是她的特质。告诉她去演一段戏，效果反而不好。

天使：演员如何看自己在《阿飞正传》里的演出？

张国荣：在1989年1月，策划陈荣光给我介绍王家卫洽谈拍片事宜。原先是以情商客串（友情客串）的形式出现，但愈倾（讲）愈投契，最后我更变成第一集的男主角。

我是一个十分自傲的人，我认为自己是professional（内行），我觉得你只是amateur（外行），不是我的级数，我不会睬你。但我跟王家卫的谈话中，感觉他十分有理想，我认为他是现今香港最promising（有潜力）的导演。

面对我这级数的演员，很多导演都会迁就我，我做什么他都会收货，但王家卫绝对不会，他要求十分严格。我做一个表情，他会建议我用另一个方法去演，尝试跳出自己的框框。我觉得这种工作态度才可擦出火花，才可以有chemicals（化学反应）。

王家卫是NG我最多的导演，最高纪录是四十七takes（次）。

我对60年代，有一种特殊感觉。70年代我只记得有喇叭裤，但60年代，就有好多大事发生。玛丽莲·梦露的死，肯尼迪遇刺，加上我家庭最完整、最似一个家是

60年代,所以我对这个时期有种特别感觉。张叔平营造60年代气氛十分成功,好像我到西摩台拍戏,好似返回自己家里一样,所以演来亦加倍投入。

刘德华:今次演《阿飞正传》,我完全撤下以往演戏的方法、动作,可说是拿一张白纸给王家卫,由他写一篇他对刘德华的感想。

《旺角卡门》是由我把心目中的刘德华演绎出来,所以《旺角卡门》中,许多对白、动作、角色心态,都放了刘德华在第一身(是刘德华本人)。但《阿飞正传》则有所改变。

今次王家卫希望我从他的角度,觉得刘德华是个什么样的人,他在这个 situation(情境)会怎么 present(呈现)这个角色,来演绎剧中人物。所以,《阿飞正传》中的刘德华其实是王家卫心目中的刘德华。

今次我演一个完全静态的角色,镜头内很少看到我的眼神、样貌。相反,其他角色都很鲜明,他们可说是站在镜头的最前线,而我则站在镜头的最后方。看完《阿飞正传》之后,你会怀疑有没有我这么一个人存在过。

王家卫做了这个安排，因为他认为我一向都吸引所有观众视线，但他希望有个转变，初期我都十分不习惯。

我虽然站在镜头最后方，却是影片中的一个 keyman（关键人物），整部戏最想 present 的是我这个角色。因为没有我，整部电影便不成电影，我由第一集带到第二集①，导演最想令观众记得的是我跟张曼玉的一段情。

刘嘉玲：最初，我很害怕王家卫，这种恐惧感来自梁朝伟。梁朝伟拍过王家卫（的戏）后，对我说他今天 NG 了二十六次，他责怪自己不懂演戏，于是在我脑海形成恐惧感，觉得这个导演要求好高。加上《阿飞正传》的演员不是影帝，就是最佳男配角、女主角，跟这班人演出，我觉得有很大压力。

做每一场戏，每一个表情、动作，王家卫都会讲很多资料给我知道，令我完全（被）说服投入角色中去。我就是这么一个女人，有什么背景，我母亲做什么，这些可能不会在戏中出现，这些资料，却能够令演员易于投入。

---

① 第二部没有拍摄。

他提议我看《巴黎野玫瑰》(*Betty Blue*)，剧中的角色跟她有点相似。我亦节食减肥，因为我演一个跳舞女娘，所以王家卫亦介绍了许多跳肚皮舞的电影给我看，准备功夫做足。

我的演戏方式不是王家卫那种，他要求演员的只是最普通的、最自然的演绎方式，总之不要让他感到你在做戏。但我在电视浸了多年，自己总是想做戏……拍了王家卫的电影，我觉得自己演技有进步。

第一日　11月28日　星期三

飞机升上千尺高空后，人有一种不实在的感觉。而马尼拉的空气比香港郁结，使人很容易疲倦。

老板邓光荣亦暂时抛下其他事务随大队出发，替《阿飞正传》做铺路工作。邓光荣对《阿飞正传》已经超越了一般的金钱上的支持。王家卫认为，邓光荣今次加入了一份对《阿飞正传》的感情，不纯赚钱，更多是为了拍一部好片，用王家卫的话说，"一定要给他 credit（署名）"。

第二日　11 月 29 日　星期四

卡兰巴火车站麇集了几百人,连惯常早睡的小孩都蹦蹦跳跳走到街上,难道是举行嘉年华会? 非也! 他们这么雀跃是因为大队来到当地拍摄,发电机把平日漆黑的街道都照亮了,为当地居民增添了夜生活。

昏黄街灯的映照下,加上道具阿来不断放烟雾,使困在车厢中的大伙儿仿佛进入了如梦似烟的虚幻世界。导演在指导刘德华和张国荣在车厢中演对手戏。由于火车在不断前进,车厢里颠簸不定,苦了摄影师杜可风和他的摄影助手整晚蹲在车厢中工作。

第三日　11 月 30 日　星期五

马尼拉市中心的平民市场,车水马龙,好不热闹。杜杜曼(Tutuban)火车站虽然位于市场正中,却人迹罕至,仿佛成了强烈的对比,只见疏落携带行李的人群步入。建于 1832 年的杜杜曼火车站,在其他陆路交通未发达的时候,曾经风光好一段日子。但今非昔比,汽车逐渐取代了火车的地位,杜杜曼亦日趋荒废,明年1月便正式荣休(淘汰!),政府将会把它改建成一座博物馆。《阿飞正传》选择这个时候前来拍摄,可说是对杜杜曼瞻仰了遗容,做出最后致敬。

美指张叔平认为菲律宾工人在火车外壳髹漆的效果不甚理想,要他们重刷一遍。王家卫则若有所思地坐在一旁捕捉灵感,这是他的工作习惯。在正式开机之前,甚至正式拍摄之时,剧本依然可以修改,只要他认为有更好的意念。"我每一次都会问自己,觉得怎样,所以你会见到我在最后一分钟仍然做出调度,因为我要确定自己已经尽了全力,将来绝对不可以有 regret(遗憾)。"王家卫吐出一口烟后说。

晚上9时左右,大队又马不停蹄地从杜杜曼赶到马尼拉的唐人街开工,已是连续第三组戏了,我亦不禁有点困。

天晓得菲律宾人为什么总喜欢在街头撒尿。一下车,一股臭味已扑鼻而来,环境相当恶劣。

听说看戏是菲律宾最便宜的消闲娱乐,菲律宾人亦因此养成喜欢看戏的习惯,戏院林立。他们对拍电影亦有浓厚兴趣,摄影队每到一个地方,总有数以百计的人围观,有些小童更爬上十多英尺高的货车,俨然以超等观众自居。幸而当地工作人员能够把场面"镇压",否则不单收音不成,要正式拍摄就更加是妄想了。

在一幢19世纪的古旧建筑前面,华仔跟落魄潦倒的张国荣重逢。原拟车夫驾马车经过,但畜生不听话,NG三次都不动,引起全场哄然大笑,最后要由副导演以镜头迁就,把马拉出。侧闻跟张国荣演对手戏的那位女演员名字叫作安杰拉·帕扎洛(Angela Pazlo),是当地的美艳女星,曾经是某一期《新闻周刊》的杂志封面女郎。安杰拉把妓女的一举手一投足,演得栩栩如生,令在场恹恹欲睡的工作人员和我看得如痴如醉,顿时睡意全消。

第四日 12月1日 星期六

拖着疲惫身躯,拉开窗帘,发现天色阴暗,更下着蒙蒙细雨,心想情况不妙。到了杜杜曼火车站,发现下雨真的影响了拍摄进度,一整天才拍了一组华仔与张国荣进入火车站的镜头,大队便得收工。

第五日　12 月 2 日　星期日

　　"张国荣在菲律宾因为买假护照一事与宾佬发生龃龉，双方在餐厅大打出手。刘德华见形势不对，亦随张国荣从窗口飞奔逃走。"工作人员在向我解释今日的戏。

　　杜杜曼火车站的二楼有一间荒废了的餐厅，大队就在这里拍摄宾佬与华仔、张国荣打架的场面。因为日久失修，所以总是一步一惊心。由于影片的 colour tone（色调）是 green-greyish（灰绿色），所以在那里看见的台布、窗帘都是绿色为主。张叔平为了效果逼真，更命工人在墙壁髹上木纹，态度一丝不苟。

　　由于华仔有较多拍动作片的经验，所以我见他跟张国荣比手画脚地提供了一些意见。

第六日　12 月 3 日　星期一

　　副导演江约诚兴高采烈地告诉我，向菲律宾有关方面借直升机拍摄张国荣跳桥自杀一幕，已经洽谈成功。

他正殷切期待明天的来临。江约诚来到菲律宾,一直没有睡觉,眼皮重甸甸的。我问他:"连夜不睡不怕伤害身体吗?"他语重心长地对我说:"目睹一件历史大事的发生,远比睡觉更为重要。"

一位灯光师因怀疑吃了不洁食物,加上连日来的疲劳轰炸,终于不支,要回酒店休息。希望他早日康复。

第七日　12月4日　星期二

张国荣跳桥自杀一幕重头戏,在巴里比克桥(Balicbic Bridge)正式上演。江约诚原拟一架直升机俯冲下桥,作为张国荣自杀的 P. O. V.(主观镜)。但人算不如天算:一方面,菲律宾方面提供的器材差劲;另一方面,巴里比克桥桥面与桥底距离太窄,两旁密树又造成拍摄障碍,加上气流影响,增加了拍摄危险程度。在直升机师极不愿意的情况下,一共拍了八次,江约诚说是冒生命危险去拍的。

第八日　12 月 5 日　星期三

　　满怀希望的张国荣从马尼拉驾车到埃斯库德罗庄园 (Villa Escudero) 找寻生母，可是得到的答复是无情的"go away（走开）"。天色的一片灰暗、寒风的刺骨，正好映衬了张国荣当下落漠凄苦的心情。

　　连日来，大队拍摄的地点总是菲律宾的穷街陋巷，如火车站、唐人街，跟眼前的埃斯库德罗庄园是天壤之别。引入小筑先是两旁的椰林大道，继而是人工雕饰得十分精致的园林花圃，极目远望是一片米田椰林，物产出奇富饶，令人大开眼界。

"The Days of Being Wild: Eight-day Location Shooting in the Philippines" by Angel from *City Entertainment*, no. 306, pp. 36 - 41. Interview conducted in Cantonese in 1989.

关于《阿飞正传》的一切：与王家卫对话

魏绍恩/1990 年

魏绍恩：大家都有兴趣知道整个 project（电影项目）的来龙去脉。

王家卫：要我由头至尾讲一次整个 project，咁就弊（那就糟了），我一讲可以讲两三个钟（小时）。

魏绍恩：那让我们试一下由故事开始。

王家卫：很简单，最早的出发点，我要拍一部两集的电影。传统电影一直讲究起承转合，观众看多了，也就懂得怎样去推断故事的发展，sophisticated（老练）的观众甚至可能比说故事的人还要走快一步——他们都习惯了这种说故事的方式。我的想法是：既然很少人会去留意说故事的方法，我就要在结构上面换一个态度，令观众不能猜测下一步会发生些什么，我觉得 surprise（意外）好重要。决定了长度之后，就要有足够的人物去 support（支持）。两集的电影绝对不是一集多少少（比一集长一点），而需要由三集浓缩成，架构也就大好多，要不就是横切面好大，要不就是用时间来做主要元素。你知道，两集戏其实是一部电影，只不过让我有更多长度去改变观众的看戏习惯。

魏绍恩：但制成品终究分上下集上映。

王家卫：对，但上下集的版本只不过是商业公映的版本。之后我就有很多选择：我可以剪成一个新版，三个钟，四个钟，发行录影带。录影带现在其实占了电影很大的市场。他日《阿飞正传》的录影带版本，才是我心目中所想做的。

魏绍恩：要看《阿飞正传》，（就）要看录影带？

王家卫：市面有些影院大概还是乐意上映的。

魏绍恩：听说你最早的构思时空很庞大。

王家卫：原先背景是分成渔村、九龙市区和菲律宾三部分的。时间是 20 世纪 30 年代、1960 年和 1966 年。但最后还是牺牲了 30 年代和渔村的部分。

魏绍恩：1960 年和 1966 年？

王家卫：我 1963 年从上海抵港，记忆之中，那时候的香港是很……memorable（令人难忘）的，仿佛连阳光也充沛一些，加上空气中传来的无线电……

魏绍恩：大概是城市结构的关系。

王家卫：的确，但记忆上自己总会加分。那时候一切都慢慢的。当然，我绝对不是要精确地将 60 年代重现，我只是想描绘一些心目中主观记忆的情景。

魏绍恩：时间有了，那么人物呢？

王家卫：有趣的是，我原先的构思是在 60 年代，"情人"在多年后是有后遗症这回事的：爱情是一场重病，杀伤力可以维持很（久），到了现代社会，一切都去得很快，谁也没有空去记着谁。可是经过蜕变，我才发现（意识）到电影内所发生的事情，到了今时今日仍然在我们身旁发生着，只不过换了 60 年代的背景有疏离效果。

魏绍恩：那么电影是一出情人情事的电影了？

王家卫：爱情关系是最容易令人投入的关系，可是在各式纠缠不清的关系的背后，有些什么东西在推动呢？为人？为自己？有要求？还是在找寻一个适当的接受对象？很多时候，大家不去 analyze（分析）就乜（什么）事都没有，但一开始 analyze，就发现很多背后的动机。

魏绍恩：听上去很 dramatic（有戏剧性）。

王家卫：故事很 dramatic，但细节、处理方法就一点也不 dramatic（夸张做作），最要紧是能够抓住观众的好奇心，（他们）就会想继续看。

魏绍恩：观众的好奇心，我对你那几近疯狂的庞大卡司（演员阵容）有至大的好奇心。

王家卫：那四男二女？

魏绍恩：愿闻其详。

王家卫：我是在去年底开始做casting（选角）的。一开始就想着要找那几名演员，于是逐个逐个地斟（协商）、度期（预留档期）。那是一个很顺利的开始，感觉上大家都希望做成这件事。

魏绍恩：什么事？那时候甚至故事大纲也没有吧？

王家卫：一说《阿飞正传》，每个人自己都会有一个画面的。

魏绍恩：就凭王家卫加阿飞正传几个字？你好嘢（你好厉害）！

王家卫：演员commit（确定）之后，就容易。我依着他们的性格、形象，一点一点地发展成一个故事。开拍之后，一直拍一直改。

魏绍恩：到最近还修改？

王家卫：是的，我不认为编剧、导演可以一开始已经知道要演员怎样做，每个演员都有自己的特质，相处下来，再依着他的特质去发展，这样最好。

魏绍恩：老板呢？看了卡司有没有吓一跳？

王家卫：没有的事，羊毛出在羊身上，卡司越大，卖埠（海外版权销售）价钱越好，生意罢了。

魏绍恩：开拍前准备功夫做了多久？

王家卫：三个多月，我原先的构思比现在这个大很多，但时间实在不成，制作费用也负担不起。我们的准备功夫一直被动，因为演员都度了期（预留了档期），我们就得跟时间跑步。日子到了，开拍，日子过后，演员也就不再是你的了，加上自己写自己拍，会死。

魏绍恩：也不一定需要自己写自己拍吧？

王家卫：没有编剧愿意跟导演共同奋斗这么长的一段时间的，他们也得吃饭嘛。

魏绍恩：这是经验之谈？

王家卫：对。

魏绍恩：我对老板的兴趣又来了，他们好吗？

王家卫：他们很 supportive（支持）。当然，生意到底是生意，他们也受到压力的，像档期，一年之中实在没有很多黄金档期，所以大家也就想着要在圣诞推出《阿飞正传》，要是再有多一点时间，是可以做得更好的。反过来说，我跟他们工作了几年，大家都了解对方，这了解的负面影响是，我太明白他们的苦衷，不可能太坚持，而会compromise（妥协）。另外就是，街边太多 noise（干扰），都会造成影响。

魏绍恩：例如呢？

王家卫：我的拍戏习惯是，一开始后，要 adjust（调整）。看一下，想一下，再决定如何下去，但街边就会有noise：停咗（了）呀？梗系（肯定）有问题啦！传到老板耳边，自然引起恐慌，其实大家只不过当休假数天，没什么大不了。

魏绍恩：提到 noise，让我们说一下《旺角卡门》对《阿飞正传》的压力。

王家卫：第一次其实一样有很大的压力，那是自己对自己的要求。今次最大的压力，来自事前已有很多 noise。但我认为并不是因为《旺角卡门》，而是《阿飞正传》的演员组合——无疑那是盛极一时的大卡司。人们禁不住窃窃私语，气氛一旦造成，就滚雪球一般越滚越大，令到（使得）大家都以一回大事看待，事情的结果是不单止（仅仅）我自己，所有工作人员都感到这种压力。我实在不喜欢这种感觉。

魏绍恩：但这样的组合会引起公众侧目，事前经已（已经）计算在内的吧？

王家卫：到真正发生时，比预料大好多。

魏绍恩：你刚刚说所有工作人员都感到压力……

王家卫：譬如演员，他们都希望自己有表现，或者更进一步，希望自己的表现比其他演员好。其他工作人员也感到无可选择地要做到尽善尽美。

魏绍恩：不是每一次都要做到尽善尽美吗？

王家卫：我喜欢保留一点从容，但今次无，希望以后有。

魏绍恩：说实话，你对《阿飞正传》有些什么期望？或者你会选择话（说）乜都没有，it's just another exercise（只是另一次练习）？

王家卫：我不会说 another exercise 这类话，大容易落台（下台）了。我可以真正从《阿飞正传》得到的东西，只有自己才会知道——比如对自己多一分的了解。反之，外面的反应是永恒地不受控制，亦不太重要。告诉你《旺角卡门》的口碑没有对我造成任何影响是骗你的，起码，我感到人们开始 take you seriously（认真看待你）。但自觉上，我没有变，就好像一把年纪，我现在经已过了三十岁，却什么感觉也没有。

魏绍恩：你只着意（在意）电影以内的世界。

　　王家卫：小时候看电影，吸引力在于一下子可以忘情走进那个世界，十分开心。对于能否成为大师，或者影评人的评语，我真的认为不太重要。只要电影拍出来，观众感到好看，那就可以了——我自己曾经得到过的经验，可以跟人分享，那样最好。

"All about *Days of Being Wild*：A Dialogue with Wong Kar-wai" by Jimmy Ngai from *City Entertainment*，no. 305，pp. 38 – 40. Interview conducted in Cantonese in 1990.

王家卫的它与他

杨慧兰和刘慈匀/1994年

　　一般人对王家卫的反应很极端,一是盛赞,一是诋毁。记得《阿飞正传》推出时,毁誉参半;《重庆森林》上映后,文化评论界闹得满城风雨。无人会放过谈他电影的机会,但王家卫从来由人谈论,没有主动谈他的感受和意见。所以今次访问,除了谈他快上映的《东邪西毒》外,更重要的是和他讨论一下它——他的电影,当然也少不得他——他爱的导演。

　　最后我们会发现,王家卫从事电影工作多年,不是因为钟爱电影,只是由于他喜欢在电影里寻找和享受另一个世界。对他来说,电影最后甚至可以是无的。

采访者：《东邪西毒》是根据金庸小说里东邪和西毒两个人物而构思，但据闻这部电影中的故事与小说没有什么关系。

王家卫：不是无相关。我们拍《东邪西毒》是想讲另一个故事的，开始是中意个名（这个名字），东邪、西毒是两个女人。但后来我们买版权，发觉买《东邪西毒》与买《射雕英雄传》的版权是无分别的。大家便觉得：为何不拍《射雕英雄传》呢？而我又很喜欢看武侠小说，于是便想试下拍《射雕英雄传》。但我最有兴趣的人物是东邪、西毒。因为东邪是飘逸的，很愤世嫉俗，大家都觉得他很有型，但其实我自己对东邪的看法又不是这回事，我觉得这个人很自私。至于西毒，我中意他是因为他这个人最悲剧。

开始时我想和金庸接触的，因为他在设计这些人物时，必定想到一些有关他们前生的事，而没有写出来，可惜无法接触他。于是我开始构思这些人物的故事，反而这个做法让我有更大的创作空间。我幻想东邪、西毒和洪七公年轻时候会怎样。那么我便自己 develop（构思）

了另一个故事,所以我故事的完结正是《射雕英雄传》故事的开始。

采访者:是否因为纯粹对东邪西毒这两个人物有兴趣,所以用古装的形式拍摄这部戏?

王家卫:第一是当时潮流兴古装片。

采访者:即是两年前?

王家卫:是的。第二是我从来没有拍过古装片。我一直觉得古装片会是很好玩的,可以天马行空。

采访者:别人拍古装片总有特别的原因,如借古讽今,或想拍武打场面。你的古装片又如何?

王家卫:我没有那么大野心,我只是试下。古装其实是很难拍的,我用了一个最 easy way out(简单)的方法去拍,最现代的处理,而且我无(不)看重阶层,但古装片其实是很 formalistic(形式化)的,如不同阶层有不同的礼节和生活。我们就是花时间去考究他们的生活方式也是荒谬的,无论怎样做出来都是假的,就是连斟茶、吃饭的小节也考究，又怎样？你始终不知道是真定假（真的假的）。

还有我们拍《东邪西毒》时才发现，大家经常忽略一点。我们最初的意念是要张国荣去报仇，后来我看有关中国复仇的书，讲古代人复仇有很多 rules（规则）。然后我想，一个人若要替亲人复仇，他起码要花上十几廿年。而有一样嘢（东西）我们从来无提及的是，当时由一个地方去另一个地方，要经过许多了无人迹的地方。他开始不懂得说话，又或开始自言自语，经过这么长的时间，这么多的经历，最初的动机便变得模糊了。而中间那段旅程和时间是古装片从来无强调的。

采访者：不如拍一部古装公路电影。

王家卫：我本来想由黄河的源头，即青海那边一直拍到壶口，跟着河流一路追去，但难度实在太大，无办法支持得住，而且根本无可能找张国荣、林青霞这些演员跟你拍公路电影啊！

我们看《搜索者》（*The Searchers*）会很感动。用那么多年去找一个人，他真的体会到时间的转变。在找寻过程中，他要为生活……要卖嘢。这是十分好看的一部戏，令人看到人生和那个阔度。

采访者：后来变成了现在《东邪西毒》的故事？

王家卫：由于不能走动，便变成 stay（停留）在某一个空间。

采访者：《东邪西毒》是否主要还是讲感情呢？

王家卫：最重要的是讲感情。我将自己很喜欢的小说放入了这部戏里，这个故事其实是一段半生缘，是东邪西毒和一个女子的半生缘。

采访者：《东邪西毒》会否只是采用古装片的模式，而谈的还是现代人的感情问题呢？

王家卫：有些感情是永恒的。而我到了这个最尾的阶段，终于发觉《东邪西毒》原来是讲什么的，还有《东邪西毒》和我以前的戏有什么关系。其实，全部都是讲被人拒绝和怕被人拒绝。《阿飞正传》中每一个人都被人拒绝，他们害怕被人拒绝，所以就先拒绝别人，也有说被人拒绝后的反应，譬如张曼玉怎样克服问题，刘嘉玲又如何等。《重庆森林》也是这样,不过可能我自己改变了,所以戏结束时是 open(开放式)的,王菲与梁朝伟的感情虽似是而非,但始终他们也可以接受对方。但《东邪西毒》是最"杰"(严重)的,因为我觉得《东邪西毒》是头三部戏的总和,戏里所有的人都害怕被拒绝……被拒绝后怎样度过这些日子……如林青霞会变成一个精神分裂的人,变成两个人,用另一个人安慰自己,给自己借口。梁朝伟则用死拒绝所有的事,他接受不到(不了)自己走回头路,但他不能不返转头(掉头),因为他很中意妻子,然而他亦没给自己机会或原谅自己,最后只能以 destructive(毁灭性)的方法去解决问题。张国荣也一样,他一直躲在沙漠里,因为他自从被人拒绝后,便不要再踏出第一步。梁家辉饮过酒后使自己忘却一切,其实也是一种逃避方法。所以到最后才发觉,所有的总和只是道出"被人拒绝""逃避"等问题。有人说我的电影是讲时间、空间,其实唔系(不是),可能只是和我自己有关系。戏里人物也因此很封闭,不容易表露自己,怕会 get hurt(受到伤害)。

采访者:张国荣在《阿飞正传》里,是一个很沉溺的人物，又可以对身边的人有很大影响，有时甚至能操纵别人的情感。在《东邪西毒》里，你又如何处理张国荣的角色呢？

王家卫：最初我是叫张国荣做东邪的，但后来发觉他做东邪便一点惊喜也没有，因为大家都 expect（预期）他会是潇洒倜傥，像《阿飞正传》的形象，所以我就不让他做东邪，要他做西毒。西毒经常怀恨在心，有很多心事，加上他是个孤儿，所以他很懂得保护自己，他知道不想被人拒绝的最好方法便是先拒绝他人，这是他的做人态度。他永远封闭自己，不让别人接近，后来他终于明白这样是唔 work（不行）的，也明白有啲嘢过咗（有的东西过了）便会错失机会。他这个启发大部分来自对抗的对象死了，另外，是来自洪七（张学友），这个人永远不觉得被拒绝是件难堪的事，他认为是对的事，便会去做。

采访者：《阿飞正传》中张国荣沉溺于自己的世界，《旺角卡门》中华仔过分执着，像是只有死路一条，但《重庆森林》给我的感觉是乐观了很多。虽然《重庆森林》跟前两部戏一样，所有人的感情在时间上都是 mismatch

（错配），但至少《重庆森林》在结局时给予了梁和王一个
possibility（可能性）去发展……

王家卫：但我觉得《东邪西毒》会更宽阔。做《东邪西毒》后期时，我会将它和《重庆森林》比较。但《东邪西毒》的分量比《重庆森林》重得多，因《东邪西毒》在深度和阔度上比《重庆森林》来得 heavy（沉重），也更复杂。

采访者：你的电影在灯光及营造气氛方面花了不少心思，《东邪西毒》又怎样处理？

王家卫：《东邪西毒》的主角其实是那个宽阔空间，但最大的困难是我们不用蜡烛。但在古代，光源是来自蜡烛。我们打灯，杜可风都尽量避开蜡烛，这样他可以发挥得自由一些。而我们这次拍出来的正片，是再做了些功夫，才成为观众在银幕上看到的效果。影片出来的视觉效果很好，实在要感激"宇宙"①的吕姐帮忙。

采访者：《东邪西毒》有很多人物，是否由很多个故事

————————————

① 宇宙电影彩色冲印有限公司。——译注

组成？

王家卫：是用张国荣一个人串起所有故事，张国荣是轴心，每个人都经过他，而故事就（此）发生。

采访者：你每部戏都会有新鲜的东西带给观众，《东邪西毒》又如何？

王家卫：今次最新鲜的是我做很传统啲嘢（一些东西）。不会很难睇（看）得明，其实都很白。还有最特别的是《东邪西毒》用了许多旁白。我开始接触武侠小说时是听收音机，小时候晚上总是躲起来听收音机，感觉很亲切。所以我今次用很多旁白，试试看可否放在电影里，所以这部戏是听也听得明的。

采访者：现在的港产片有用旁白的趋势，会否变成滥用？

王家卫：旁白是其中一个观察事物的视点，要控制得很好，否则便会依赖了旁白表达。是不是一定要像布列松一样，要用那样克己的方法？布列松教晓（教会）我们不要做多余的功夫，用精练的手法表达。但如果世界上个个都像他一样，便会很 dry（乏味），就像食嘢（吃东西）一样选提炼得最精华的维他命丸来吃。所以可以有多些不同选择。譬如睇萨蒂亚吉特·雷伊①的戏，你会觉得荡气回肠，也有另一种经典美。所以不用个个都做同一种戏，一个一个 school（流派）咁（这样）出来。

采访者：在你的电影中，对白往往能够精简地刻画人物的个性和感受。

王家卫：我自己觉得其实不算是很好的，真正好的对白就是戈达尔（Jean-Luc Godard）的对白。我们的对白只属文艺腔，戈达尔的才算是 poetic（有诗意）。

采访者：有一个问题是我一直想问的，就是为何《重庆森林》的午夜场版本要再剪，然后才上正场。我其实是喜欢午夜场版本多些的，因为比正场版本更富神秘感，也更加 illogical（不符合逻辑），这便配合角色不能解释的

---

① 萨蒂亚吉特·雷伊（Satyajit Ray，1921—1992），印度电影导演，以"阿普三部曲"让印度电影得到了国际认可。——译注

行动。

王家卫：其实，《重庆森林》的首演长度超过戏院公映的长度，所以一定要剪十五分钟，而很多人也说林青霞那段闷，我们因此主要是修剪林青霞部分，王菲的戏是没有大变动的。

采访者：但重剪后，梁与王的感情变成逐步发展，少了午夜场时那种模棱两可的感觉。

王家卫：其实这才是我原先的想法。只不过因为后期剪接，我和张叔平分开做，我剪林青霞的部分，他则负责王菲那部分，所以我们不知对方的进度如何。出来后，我仍觉得有地方是可以调整的，而张叔平还未知道长度多少，不敢大刀阔斧，尽量保留某些地方。可能这样令你觉得较为 absurd（荒谬），但其实这个 absurdity（荒谬性）不是故意的。

采访者：知道你拍《重庆森林》时用了即兴手法拍摄，有些导演用这方法来保持 real time（实时），你的用意又何在呢？

王家卫：就像放假一样，人轻松起来。要训练返回自己的 instinct（本能）、直觉的反应。我们平日生活，每一步都考虑得很清楚，所有事情都要安排得很精密、严紧，渐渐我们便对事物没有即时的反应，也就是失去了直觉。拍《重庆森林》就像突然推你出街，你只能做出直觉的反应，也让自己有番 energy（活力）。

采访者：为何你的电影花了那么多时间在剪接上呢？

王家卫：我通常会找一个我信赖的朋友替我剪片，然后我便可以用较客观的角度去分析。其实，《阿飞正传》不是剪得很久，谭家明只用了三个星期便剪完了。《东邪西毒》之所以剪那么久，是由于故事结构始终未搞得掂（定）。《东邪西毒》有很多零碎故事，如何将它们组成整体的意念，是我们一直未能解决的问题，直至最近才能解决。《重庆森林》也不是剪了很久。

采访者：但见你剪来剪去都像不合心意。

王家卫：最大问题是我的电影不是由故事出发。若（从）故事出发，必有起承转合，一定是一场接一场，但我的

戏是（从）人物出发的，容许很多 possibilities（可能性）
出现。

采访者：可能是这些 possibilities 和那非主流的叙事
方式，令人讨论你电影时总离不开时空问题。

王家卫：现在大家讲戏，只是借戏来说自己的 taste
（品位）和看法，他们的讲法便变得完全与我无关。我开
始觉得自己是 object（对象），让他们借我这个 object 去讲
自己的想法。

采访者：与舆论看重你有关吗？

王家卫：我觉得不是，我和我的戏似乎变成一个
topic（话题）。这并非坏事，只不过我觉得现在的倾向出
现问题。有时真的想说句："喂！唔好入咁多嘢落我数度
喎（不应该一切都怪我）！你哋自己中意咁之喎（你们自
己喜欢这样）！"

采访者：但你的电影确是文化界争论的焦点。

王家卫：可能我的电影里有太多线索，让他们

develop(发展出)一套说法。

采访者：你的电影没有惯常的叙事方式，结构较散乱，而人物往往很有疏离感，于是有人说你的电影是解构主义。

王家卫：我的戏和解构主义是没关系的。可能你在里面找到蛛丝马迹，但我从来不是从这点出发的。我唔系大卫·林奇(David Lynch)。

采访者：香港大学里有某些课程很喜欢讨论你的电影，多是与后现代主义、香港文化、怀旧意识扯上关系。

王家卫：后生仔应该不要听那么多别人的话，这样会变得老气横秋，后生仔应该可以好直接，自己多看些电影比听人讲好得多。很多人将理论放入电影里，渐渐便会发现看电影看得很无瘾(扫兴)，变成一条 formula(公式)。其实我自己也经历过这个阶段，开始中意睇戏(看电影)时，你会睇很多影评，就像玩紧(在玩)一个游戏，看到些线索，便对号入座。其实我觉得这又怎样？有人说个(这个)form(形式)要这样，个 structure(结构)要那样，结果又如何呢？我只想问："你想点先(你想怎样)？"

采访者：你是否很抗拒理论？

王家卫：我觉得人总系会经历这个阶段的。只不过你要有一日跳出这样嘢，不要沉迷下去，否则真的会老气横秋。如果一个"靓仔"走来同我讲一大堆道理，我真会瞓低(晕倒)！其实这个问题在台湾是更明显的，他们十来岁的青年便成个学究，不如经历多些、创作多些更好。

采访者：有人说《重庆森林》给人的感觉像村上春树的小说给读者的感觉。

王家卫：可能是用号码和时间这些地方相似吧。当然，村上春树对我有影响，但若说我受村上影响不如说是受加缪影响。我觉得……为什么大家会说村上春树呢？可能只是借我的戏谈谈村上春树吧。

采访者：会否因为你和村上的作品都爱描写感情中那份机缘呢？

王家卫：我和村上春树唯一的共同点是，大家都是一个有感情的男人。

采访者:《重庆森林》中的林青霞一角,有人说她戴了假发和黑超(墨镜),又只是行来行去,根本不用找林青霞来做。

王家卫:我有时想:如果这个金发女郎不是由林来演,而是找个普通演员来做,大家又会否有这感觉呢?

采访者:我想大明星都建立了自己的某些形象,观众对他们有 expectation(期待),看见某个明星,便想见到某些既定形象。

王家卫:正如有人问刘德华:做差人(警察)为何不打、不开枪呢? 就因为是刘德华做行行企企(走来走去)的差人才有 impact(冲击力)。大家认为那个演员有某些 image(形象),当他不再是那些既有形象,观众便有惊喜。

采访者:有人说《重庆森林》中,林青霞与王菲擦身而过一幕很突兀。

王家卫:大家不容许有这个空间啫①!

采访者:有人觉得前面有些引子会流畅一点。

王家卫:很多人会觉得有前面一段才会真实一点。加上香港电影要求有嘢发生,事件接事件一直去(进行)。可否事件之间角色坐下来饮杯茶?唔得(不行)。但饮杯茶那段才是真实时刻。

采访者:所以观众顶唔顺(受不了)基耶斯洛夫斯基的戏。

王家卫:唔系㖞(不是哦),我觉得基耶斯洛夫斯基的戏,很多人接受得到(得了)。

采访者:我觉得有少少(一点点)是因为他的名声大了。

王家卫:啱啱(正是)。

_____

① 啫,粤语语气词,表示肯定、劝告。——译注

采访者：他的《两生花》上映时，毁誉都是参半的，但现在《蓝白红三部曲》则一面倒的喝彩声。有些镜头，如阿婆执（捡）垃圾一段，大家不求甚解，就说：好深！

王家卫：无错，all because of Kieslowski（都因为是基耶斯洛夫斯基）。但我始终不觉得他是一级（一流）的。

采访者：近年来，有哪个导演你觉得是一级的呢？

王家卫：……都无啦。我觉得近年的导演都是走前人的路，但亦不能超越他们。卡拉克斯唔会好过戈达尔，虽然他绝对是行戈达尔那条路的。

采访者：但风格都差很远喔。

王家卫：就是这样的情形，但已有很多人赞得他很厉害。如果你说有趣的，我想《我自己的爱达荷》（*My Own Private Idaho*）的导演格斯·范·桑特是有趣的，但可否说他是一级呢？又似乎不可以。勉强来说，现在要去睇睇的电影只有马丁·斯科塞斯。

采访者：他的戏也开始走下坡了。

王家卫：譬如你看《纯真年代》，会很易发现当中的破绽，再唔会说："哗（哇）！今日又学嘢啦！"但他已经是最稳阵（可靠）的，不会令到（使得）你觉得无晒瘾（无聊）。

采访者：1997年对你的电影工作有影响吗？

王家卫：1997年的影响是现在看不到的，只不过1997年影响了很多人的生活方式，社会会有转变，所以现在大家的心都会很急很赶，眼光不会很远，总之到期就收档（收摊）。对我来说，自己可能不发现有很明显的改变，但其实身边可能已在煲紧水（正在烧水），噗噗噗噗开始滚了。所以我成日觉得有些事你是不会立刻看到的。大家会兴高采烈地做一些事情，但我认为不应该在事情那个moment（时刻）去睇嘢（看事情），反而觉得是十年后讲会好些。

采访者：越来越多中国的影片参与海外影展。我们也发觉有些不是中国电影，而只是变相为外国人服务的电影。你的电影也开始到海外参展，《东邪西毒》已送去参加9月威尼斯影展，这样会否左右你的创作来迎合某些对象?

王家卫:你们都说我连香港市场也不理,我会这样做吗?其实我也不喜欢那些电影,我觉得那些电影像以前星光村①一样,即做紧(在做)一些别人想看的事。

采访者:其实是 sell 紧(在卖)一些很 stereotype(刻板)的形象出去。

王家卫:我觉得值得尊敬的应是塔可夫斯基。他就是流亡到海外都拍一些很真实的东西。他的电影很 deep(深刻),像《乡愁》里,最后你看到他将电影献给儿子和故乡,你便会很感动,你会觉得他是个至情至圣的人,没有考虑到出来的效果会怎样。

所以有人说我拍电影是给影展的人看,其实不是,因为我的电影不适合影展,也不符合影展的口味。譬如有人跟我说《东邪西毒》可否讲下 1997 年,这样评审团会很有兴趣。但我觉得咁又点啫(那又怎么样)? 对鬼佬(洋

---

① 星光村是一个观光景点,工匠们在其中展示早已失传的中国艺术和工艺,如用面粉制作小人像。

鬼子)来说，他们对香港有几多了解呢？他们只不过拿着个题目讲下，即一个共同语言。

采访者：总之，我觉得是将外国人有兴趣的元素放在电影里。

王家卫：即你要在他们游戏规则里跟他们玩，但我觉得没有这样的必要。

采访者：《蓝风筝》《活着》《悲情城市》都是从家庭出发看历史和政治。

王家卫：我未看过《蓝风筝》和《活着》，但我看过《悲情城市》，这是一部很好的电影，它真的想讲上一代人的感受。我觉得《戏梦人生》无咁好睇（没那么好看）。我以前不喜欢侯孝贤的电影，我觉得他早期的电影都是别人的东西。是由《尼罗河女儿》开始，我才觉得他的电影好看，我觉得他这部电影能拍到台北的夜市和生活。而《悲情城市》是他最成熟的戏，有气派。我没有看过《活着》，《菊豆》之后，我觉得唔会好睇了。

采访者：有没有看过《北京杂种》？

王家卫：有。唔好睇。因为我觉得《北京杂种》是为一啲嘢（一些东西）而做一啲嘢出来的，即刻意告诉你"我很反叛"，但我看不出那个 feeling（感觉）在那里。

采访者：我看《北京杂种》时，觉得他们是因为在既有思想模式内找不到表达自己的出口，于是用各种"离经叛道"的方法宣泄情绪。

王家卫：我觉得他们是知道自己想要些什么，但不能好好地拍出来，不能做到张艺谋一样。张艺谋就好清楚（怎么做出）自己想要的东西。

采访者：你经常说不想跟常规的做事方式，你其实是否很反叛的一个人？

王家卫：我不会为反叛而反叛，只是我希望我的电影要有一些 unexpected（意料之外）的东西。我们睇戏时被某一个 moment 所吸引，往往是由于与你接受惯的东西不同。像 routine（常规）地看一部戏时，忽然它给你意外的东西，你便会感到那个感受很强烈；又像一部很嘈的戏突然静了下来,你会宁舍入脑(印象特别深刻)的。要令自己的电影深刻一些,就要制造不同的方法让这个感觉出来,这完全视乎你怎样安排。

但实验性的电影在香港很难做的。香港的观众需要的是不能停下来的感官刺激,可能是受好莱坞电影影响,观众也甘于亦乐于受影片支配自己的情绪。香港的观众是懒的啊!无可厚非,因为大家太累、太忙了。正如我去看《生死时速》也觉得好睇,只不过你会觉得间中(偶尔)有套(部)《生死时速》都几(挺)好玩,但套套(每部)都系《生死时速》就唔系几好玩(不那么好玩)啦!如果你想做好些,你便要 take risk(冒险),因为我觉得始终唔可以就这样算数。

采访者:你拍电影是否抱有理想呢?

王家卫:我的理想就是要拍一些我不会后悔的电影。我常常会数下我拍了四部戏,这四部戏我都不会言悔。成日都有个最大的 nightmare(噩梦),就是终有一日,在我的名单上有一部我不想要的戏。

采访者:现在有没有构思以后会拍什么戏?

王家卫:有很多,但未有很实在的计划,因为我发觉有个转变,就是我愈来愈喜欢拍日头和拍一些 bright 嘅嘢(明亮的东西)。

采访者:即不会再像《旺角卡门》一般黑沉沉的。

王家卫:是,因为我觉得够了,应该转另外一个空间拍嘢。

采访者:会不会是因为乐观咗(了)?

王家卫:会。可能年纪问题吧。以前会觉得有些事情应该很正面去讲的,但到了某一个年纪,你会想,其实不用那么正面去讲。譬如寂寞是不用那么凄凉的,寂寞也可以很愉快的。

采访者:《阿飞正传》和《旺角卡门》的主角那份执着都是致命的,但《重庆森林》则存在了一个沟通的可能性。

王家卫:因为到某一个阶段,你就会这样了,便想其实你都够封闭啦,做人不可以这样的。你若放眼看一看身边的人，你会发觉有很多事可以是开心的。所以我觉得自己愈来愈 open(开放)。

采访者：大家常留意你的戏有没有《阿飞正传》的影子。

王家卫：其实大家的心这样想，自己便觉得这样吧，也没有深入地看。《阿飞正传》对我来说其实影响不太大，它只是一个过渡，是一个阶段，是我小时候看事情的感觉。

采访者：你是否很怀旧？

王家卫：以前是，现在唔系，由《重庆森林》开始唔系。所以《东邪西毒》与前两部电影是一个阶段，《重庆森林》是另一新阶段。《东邪西毒》其实是很开阔的。我成日都好想学一种戏，睇开头好似无嘢(无事)的，怎知到最后所有的嘢走晒出来(全部出现)，去到一个很大的 climax(高潮)，令观众在毫不知情的情况下大吓一惊(大吃一惊)。而《东邪西毒》就能做到这样嘢，所以到最后令到张国荣 go through(经历)整个过程，然后离开。

采访者：我看你的电影花很多时间在 editing（剪辑）上，你觉得电影是在现场 direct（执导）那刻重要，还是 editing 重要呢？

王家卫：每个步骤都重要。还要视乎你是哪种导演，像希区柯克那些便无所谓，因为他拍的时候已有清楚的意念，所以他的戏无人识（会）剪，只能由他亲手剪。我在拍时，有大概的意念，但不是很准确地知道每个 shot（镜头）要跟哪一个。我知道需要些什么，然后在剪片时再选择一个最好的表现方法。

采访者：可否谈谈你与谭家明的关系？

王家卫：我与谭家明在七八年前合作《最后胜利》时认识，之后一路合作，所以与他很有默契。他其实让我学了很多东西，尤其在电影技巧和场面处理方面。我记得拍《旺角卡门》第一日，我很混乱，于是问他应该怎样拍。那天正是拍刘德华在大排档那场。他提了我一句："你为何不当这是一条血路，要杀入去（进去）呢？"他不是一个擅长营造戏剧效果的人，但他容易道出那个感觉，如你捉到的话。每样嘢他都有一个睇法（看法），如他说："你拍张曼玉在电话亭等，那里其实是一个深渊，她后来究竟怎样走出来？"他会这样睇嘢，但我不会这样睇的。但他讲给我听后，我会觉得是可以这样处理的。

采访者：形容你的电影总离不开五个字——"叫好不叫座"。"叫好不叫座"最可能的原因是你的戏很深，大家顶唔顺（吃不消），只会留给文化界争议，而普罗观众就不愿买票。会否觉得自己的戏是这样的？

王家卫：会。因为大家都觉得这个人的戏始终不明显，很飘忽，如大家看《阿飞正传》时，会 expect 看《旺角卡门》，看《东邪西毒》大家 expect 看武侠片。所以继续下来便要大家估倒（猜到）"佢拍啲嘢系咁啦（他就是这样拍电影的）"，让大家接受先，买不买票还是观众决定。

其实，《阿飞正传》和《重庆森林》都是我试验自己的讲故事方法，《东邪西毒》是成熟些。我觉得我说话的方法能 reach（达到）某个程度的时候，就会 okay。

我不赞成别人武断地说我的电影是艺术片，哪有艺术片呢？从来只有电影的艺术，没有艺术电影。只要找到自己的位置，便是做好了。

采访者：你的电影卖埠（海外版权销售）情况怎样？

王家卫：从《阿飞正传》开始好些，《重庆森林》和《东邪西毒》都可卖去法国和日本了。其实，我一直强调要找一个空间，要明白自己的观众量有多少，然后在这观众量的预算中，做一些自己想做的戏，不要勉强自己。譬如拍《东邪西毒》我有很大负担，因为我知道卖埠会很高。而卖埠这样高，他们一定会 expect 一啲嘢是 for mass audience（期待一些东西是针对大众的），那样我就要用某些元素去面对那么大层面的观众。但拍《重庆森林》就轻松得多，因为我只要在那个 budget（预算）内完成，而一些接受我的观众来看便 okay。如果能够有预算，我拍戏也会轻松很多。当你一边 test（测试）个市场时……到有一日大家都知道王家卫拍出来的是什么，就不会反面（翻脸），不会割椅①，不会妈妈声（骂街）。总之大家知你拍

——————————

① 观看《阿飞正传》时，失望烦躁的观众在影片放映期间破坏了影院的设施。

的就是这些东西,观众接受,我又轻松,亦没有人损失,这便是最好的。

采访者:现在拍戏是否压力很大?

王家卫:我觉得这些压力对我是唔 fair(不公平)的,点解(为什么)要有咁多声气(那么多干扰)呢? 个个都在拍戏啦! 他们的声气令到我的工作进行得很困难。有时会有很多传闻,根本没有那回事。但他们的态度是,系唔系都讲咗先(不管是不是都先讲),然后迫你出来澄清。我觉得这很影响我的工作。

采访者:你拍电影有什么目的?

王家卫:无目的。

采访者:因为中意电影?

王家卫:唔系。第一是电影是我的工作。除此以外,电影给人最大的乐趣是你可做好多世人。你可以创造一个世界,安排许多的人,说得不好听就是 play God(扮演上帝),像看希腊神话一样,放些人上去,看人点跑点行

（跑来跑去）。事实上，你可以跳入角色里，经历许多的生命。

采访者：喜欢哪些导演？

王家卫：很多，数不清。其实每个阶段都不同，如早期我喜欢看西部片，跟着看日本片，发现好正，然后又看欧洲片，又好正，但好的电影永远都摆在心的。我记得我跟谭家明说笑：如果你屋企火烛（家里着火），你会带走哪几部戏？你个 list（清单）其实会不断地转的，可能那时你便知道哪几部电影对你最重要。但最后你可能发觉火烛的时候，你宁愿带个 passport（护照），也不捧那些带和碟走，因为电影到最后可以是无的。

"The This and That of Wong Kar-wai" by Yeung Wai-lan and Lau Chi-kwan from *City Entertainment*, no. 402, pp. 40 – 46. Interview conducted in Cantonese in 1994.

像即兴演奏一样工作

米歇尔·西门特/1994年

米歇尔·西门特(以下简称西门特):你1958年出生于上海,五岁时移居香港。

王家卫:是的,很不容易!我们在1963年之前离开。我父亲是酒店经理,我母亲是家庭主妇。我是三个孩子中最小的,我母亲带着我去了香港。

西门特:你的学习经历是怎样的?

王家卫:高中毕业后,我进入一所理工学院①学习平

---

① 香港理工学院,香港理工大学前身。

面艺术,因为只有那里有摄影课,而我对摄影很感兴趣。另一方面,我对画画不是很感兴趣。我记得我小时候父亲经常买书,尤其是中国文学,我童年大多数时间都在读书。后来,我只能通过写信和我的哥哥姐姐交流。他们在信中提到 18、19 世纪的法国、英国和俄罗斯经典作品,现在中国还有这些作品的老版。为了和我的哥哥姐姐谈论这些书,我在香港找到了同样的作品。所以青少年时期我也读了很多书。

西门特:你拍过很多照片吗?

王家卫:是的,不过并不专业,尽管我在这方面有一些天赋。在理工学院的第二年,我放弃了摄影,去TVB——香港的一家电视台——上影视制作课程。TVB想要培养导演,这是他们第一次开这种课。我当时十九岁,之后我读完了平面艺术的课程。后来,我在电视台做了一年半的助理导演,然后开始做自由职业者,从事剧本创作。

西门特:你从那些年的学习中获得了什么?

　　王家卫：我要说我不是模范学生。在理工学院时，我一直带着相机，总是把相机拿出来拍照。我也经常去图书馆，因为那里有很多艺术和摄影方面的书。对我来说，那是获得与高中所学不同的知识的好机会。我母亲是一位狂热的影迷。我父亲整天都在工作。我下午一点左右到家之后就没事了，我母亲就带我去看电影。她尤其喜欢西部片，如约翰·韦恩（John Wayne）、埃罗尔·弗林（Errol Flynn）、克拉克·盖博的电影，还有阿兰·德龙！后来我在理工学院发现了另一个电影世界——贝托鲁奇、戈达尔、布列松的作品，以及小津安二郎、黑泽明等日本大师的作品。

　　西门特：你开始写剧本时，有没有想过自己会拍电影？

　　王家卫：我想我一直感觉自己最终会成为一名电影导演。但无论过去还是现在，这两者对我来说都截然不同。写剧本时，我一般不对任何视觉范畴内的东西做具体的设定，我觉得别人不会懂。在我看来，语言无法表达画面。所以对话，以及某些情景和动作的描写，对我来说很重要。我常常收到年轻编剧创作的、写满画面提示的剧本。我每次都告诉他们那些都没用,因为节奏和画面是导演负责的。

西门特:你写过多少部剧本?

王家卫:大约五十部,但可能只有十几部署了我的名字。其他都是在头脑风暴会议上构思出来的。当时在香港,六七个年轻编辑会连续好几天聚在一个房间里,讨论并介绍各自的点子。然后最资深的人把剧本写出来……我就这样当了七年编剧。我们当中有一位非常老道的编剧——黄炳耀(他的英文名是 Barry Wong),他可以说是我的导师。我们当时在同一家公司工作。我想那段时间,香港百分之七十的重要电影都出自他手。尽管炳耀写剧本很快,但他没有那么多时间,所以会分派一些工作给我。电影署他的名字,但报酬我们分享。我们的公司叫永佳,也是嘉禾、新艺城①等制片厂的分包商。

---

① 嘉禾与新艺城是 20 世纪 80 年代的两大电影制片厂。

西门特:你写过什么体裁?

王家卫:什么都有:喜剧、动作片、功夫片,甚至色情片。一开始,我非常害羞,不怎么和我所写剧本的导演打交道。我会和他们见面,提出一个想法,他们同意之后,我回家一个人写。我写得很慢,记得有一次用了一年时间才完成一部剧本,把所有人都逼疯了。后来我逐渐自信了,于是每天和导演见面,每一个镜头都和他们一起写。

西门特:在你作为编剧署名的十部电影中,哪些你最喜欢?

王家卫:都是不同的导演拍的。我尤其喜欢谭家明的《最后胜利》,讲的是工人阶级背景的失意黑帮,黑帮中的人与男主角——一位黑帮老头目——的妻子和情人偷情。我认为家明是当时一位重要的导演——香港新浪潮最有才华的导演,他现在已经不拍电影了。是他向我介绍了侯麦、安东尼奥尼、戈达尔的电影。我们成了亲密的朋友。后来,我请他担任《阿飞正传》(我的第二部电影)和《东邪西毒》的剪辑。我们非常熟!

西门特：你是不是觉得写剧本赚的钱不够多才做导演的？

王家卫：我觉得不是。我并没有追逐权力，也不嫉妒拍我所写剧本的电影导演。我也没什么不满意的。不过，我记得有时候去片场探班，我会想成为说"Action（开拍）！"的那个人，因为我对摄影机的角度有不同的想法，我的构想与我看到的东西不同。有人问我有没有做好当导演的准备时，我回答准备好了。

西门特：你是如何成为导演的？

王家卫：60年代的著名演员、演过近两百个角色的邓光荣成了制作人。我和他合作过两部剧本。他愿意给年轻导演机会。我们一起讨论了很多次之后，他认为——赌上他多年的专业表演经验——我对角色和情节的解释很有说服力。他认为我能成为一名好导演。是他给了我这个出头的机会。

西门特：这个机会就是1988年的《旺角卡门》。

王家卫：当时的想法是：这部电影是三部曲中的一部分。第一部还没有拍。第三部是谭家明导演的《最后胜利》，讲的是一个三十多岁的黑帮成员接受自己的失败。《旺角卡门》是第二部，那时他二十多岁。第一部《一日英雄》讲他的少年时代。

西门特：《穷街陋巷》为你的作品提供了灵感。你怎么看斯科塞斯的这部电影和香港社会的关系？

王家卫：我觉得意大利人与中国人在价值观、兄弟观念、黑帮、面食和母亲这些方面很相似。我第一次看《穷街陋巷》时很震惊，我感觉这个故事完全可以发生在香港。事实上，我只借用了罗伯特·德尼罗（Robert De Niro）演的角色。其他角色都来自我的经历。我做编剧的时候，有一个做电影特技演员的好朋友，他以前混过黑帮。我们会整晚泡在香港最乌烟瘴气的酒吧，早晨五点才离开。《旺角卡门》中的很多细节都来自那里。我们认识一个完全不会说英语的人，但是他交了一个英国女朋友——一位调酒师。她不断离开他，再和他复合。他们是一对完全不交流的奇怪情侣。这是影片中一个人物的灵感来源。我年轻时有三四年都是这么度过的：喝酒、打架、飙车。

西门特：你如何与主摄影师合作？

王家卫：我的四部电影总共有两位摄影师。《旺角卡门》的摄影师是刘伟强[1]，他刚刚拍第二部电影。他还参与了《阿飞正传》和《东邪西毒》第二摄制组的拍摄，并负责《重庆森林》第一部分的灯光。另一位摄影师是杜可风。刘伟强很有活力，手持摄影最厉害。他什么都知道，我们沟通顺畅。他唯一的弱点是缺乏对微妙灯光的细腻感知。现在他做导演了[2]，但我认为他可以成为优秀的视觉艺术家。杜可风则是灯光大师，我们相处得很好。我们语言不同，但在电影和绘画方面有很多共同点。他审美非常好，但拍摄时没那么重视技术。杜可风一开始是水手，然后才开始摄影。这赋予了他艺术才华，他的才

---

[1] 《旺角卡门》之前，刘伟强担任了《霹雳大喇叭》(1986)、《龙虎风云》(1987)、《横财三千万》(1987)等影片的摄影师。

[2] 刘伟强1990年开始做导演。他最著名的作品是《古惑仔》系列影片(1996—1998)和《无间道》三部曲(与麦兆辉共同导演，2002—2003)。

华得到侯孝贤和杨德昌的欣赏,他曾在台湾与他们合作。
我需要像他这样的摄影师来拍《东邪西毒》。

西门特:《重庆森林》有两位不同的摄影师,没想到摄影风格十分一致。

王家卫:确保前后一致的是我,我告诉他们我们要像即兴演奏一样工作。他们都不知道影片的故事。我联系杜可风的时候,他正在日本参与一部电影的后期制作。三天后,他来到香港,和我一起用两周时间完成了影片的拍摄。我们像疯子一样拍摄。我告诉他,这一次我们不用对灯光做很多调整(公寓里的灯光除外),因为就是要像拍摄公路电影一样拍摄这部电影,没有固定的布景。我们没有时间搭三脚架或者摄影移动车;我想要像拍摄纪录片一样用手持摄影机拍摄。杜可风接受了这个挑战,在保证画面质量的同时快速拍摄。但拍《东邪西毒》时,他花了很多时间雕琢每个镜头。他每天都告诉我,"我在榆林要死了"! 榆林①是这部电影在中国北

---

① 榆林市位于陕西省,北临内蒙古自治区。

方的取景地。

西门特:《阿飞正传》可以请到这么多明星,是因为《旺角卡门》所取得的成功吗?

王家卫:《旺角卡门》在中国香港不是很成功,但在韩国和中国台湾表现特别好。不过它还是获得了九项香港电影金像奖提名[1],这对于处女作来说是很不一般的。然后,我的制作人提出用我选的演员导演第二部电影。拍《旺角卡门》的时候我二十九岁,拍《阿飞正传》的时候我三十一岁。三十岁是很重要的:我们会感觉自己老了!我想要在第二部电影中唤起我害怕自己以后会忘掉的东西。小时候,我刚刚来香港的时候,因为不会说粤语而感到很孤独。白天我母亲和我在一间很小的公寓里听广播,但我听不懂。我现在唯一记得的主题音乐就是 BBC 新闻简报的音乐。一天晚上,我父母出去跳舞了。我半夜醒来觉得很害怕。后来,我打开收音机,听到 BBC 最

---

[1] 《旺角卡门》共获得十项香港电影金像奖提名,并最终获得了两个奖项。

新的新闻简报之后就不怕了。我想在《阿飞正传》中重现
的就是 1960 年到 1966 年这段时间。我喜欢那个故事,
用了两年的时间构建它。在其中,我呈现了战后第一代
人的两个家庭。一个家庭讲粤语,来自香港;另一个——
张国荣的家庭——来自上海。他们被语言分隔;在第二
部分中,他们最终认识了彼此。不幸的是,剧本的下半部
分没有拍成。影片是圣诞节上映的,因为有明星,所以引
起了很高的期待。大家以为会看到一部类似《旺角卡
门》、有很多动作场面的电影。但《阿飞正传》并没有太多
动作场面,严格来说也没有多少情节。影片非常失败,在
韩国甚至有观众朝着银幕扔东西。所以制作人拒绝投资
下半部分。两部电影的审美有很大不同。第一部剪辑节
奏很快,有很多音乐。第二部节奏相当缓慢,符合我对
60 年代的印象。我想要把影片分成四个部分。第一部
分很像布列松,有很多特写镜头。第二部分则像 B 级电
影①,摄影机的运动很复杂,有连续镜头。第三部分则有
景深效果。第四部分比较像第二部分,有不少动作。故

---

① B 级电影指非艺术电影的低成本商业电影。——译注

事均衡地展现了几个人物，让这种分割更加明显。

西门特：你导演喜剧的风格有没有改变？

王家卫：因为我总是不断地改剧本，所以我不让演员看剧本，不排练。我对场面都有大概的想法，会在拍摄前三四个小时到达片场，思考画面和摄影机动作。然后，我告诉我的演员他们要说的台词。当然，我之前会和演员就他们的角色做充分的讨论。我重视的是传达人物动作和行为的原因：他为什么坐在那里？他为什么抽烟？她为什么睡在那里？她为什么哭得那么大声？一旦演员对人物有了深入的了解，一切就尽在不言中了，理解人物的动机就很容易。刚开始拍摄的时候，我会拍很多次，直到演员和我找到共同的节奏。到后面，镜次方面的效率就会高很多。

西门特：《东邪西毒》的灵感源自一部当代武侠小说——金庸的《射雕英雄传》。

王家卫：最初，我被两个人物——东邪和西毒——吸引，东邪指"东边的怪人"，西毒指"西边的恶人"。90年代初,武侠电影再次流行起来,有制作人邀请我拍一部武侠电影。我同意了,因为我一直很喜欢这个体裁。我从来没有拍过古装片,这对我来说很有吸引力。宽泛地说,影片的灵感来自原著,那部小说很长,里面有两个很有魅力的六十多岁的人物。我得想象他们的过去。武侠故事是罗贯中的经典作品《三国演义》那样的中国文学作品。而金庸——非常高产(写了很多类似的作品)——创作的当代作品其实属于低俗小说(pulp fiction)。它们非常流行,好多人都想抓我去拍!他们不知道我要拍不一样的东西。我的手法和我经常看到的电影不同。

西门特:开头武打场面的武术指导洪金宝与胡金铨合作过《迎春阁之风波》(1973)和《忠烈图》(1975)。你看过这位伟大导演的作品吗?

王家卫:我小时候就知道这些电影,但当时我并不能真的看懂,因为其中有与哲学和禅宗相关的内容。洪金宝除了擅长武打场面调度之外,也是二十年来香港最优秀的动作场面导演。他在京剧戏班学习过,是编排这种场面的不二人选。

西门特：你倾向于将这些片段风格化，进行大量省略，让动作场面服从于影片的结构。

王家卫：传统武侠电影的目标是刺激观众的感官。我希望感官亦是表达人物感情的一种方式。比如，林青霞舞剑就像跳舞。我用慢动作拍摄梁朝伟饰演的盲人侠客时，用剑的重量表现了他对自己生命感到的疲惫。另一方面，张学友是用每秒十帧的速度拍的，表现他正在崛起，与正在走向死亡的梁朝伟形成对比。有些片段是（在外景地）拍的，其他的，比如张学友的片段，基本上是在摄影棚里拍的。

徐克继承了武侠电影的传统，胡金铨的电影就是此前最能代表这种风格的作品，演员吊着威亚，在空中演出精彩的芭蕾。但他被模仿了太多次之后，这种风格就变得陈旧，变得僵硬。我决定拍《东邪西毒》的时候，就立志摆脱这种在我看来已经失去活力的风格。除了动作被刻意夸张的林青霞，我希望其他所有演员都在地上打斗，这样他们的决斗看起来才真实，不会显得很假。

西门特：剧本的结构——错综复杂的闪回和旁白——更像美国黑色电影而不是古装电影。

王家卫：我为其他导演写剧本的时候，他们总是要求我写简单直接的故事，我就按照他们的要求写。我的第一部电影《旺角卡门》也是这种风格。完成之后，我读了加西亚·马尔克斯的《一桩事先张扬的凶杀案》，他讲故事的方法令我印象深刻。我开始读很多拉丁美洲小说家的作品，其中对我影响最大的是曼努埃尔·普伊格——《蜘蛛女之吻》的作者，他的叙事被分割成一个个不按时间顺序排列的碎片。这种碎片化的形式最终向我们传达了更加强烈的情感。这种手法影响了《阿飞正传》和《东邪西毒》。

西门特：背叛是《东邪西毒》最重要的主题。

王家卫：对我来说，主题更多是关于被拒绝、没有归属感。就是张国荣在叙述中提到自己是个孤儿时所说的感觉。为了不被拒绝，他先拒绝他人。林青霞被梁家辉拒绝了，所以她编造了一个哥哥。因此，背叛只是结果。梁朝伟饰演了一个被自己的妻子拒绝的男人，他的妻子和他最好的朋友偷情。他还爱她，所以只能自我毁灭。而梁家辉的角色喜欢张曼玉，张曼玉则喜欢张国荣。他不想被拒绝，所以从未承认自己的感情，为了寻求补偿，他让别人爱上他，以此来体验那种感觉。和梁朝伟的方式不同，他以另一种方式体验被拒绝的痛苦。有两个角色很突出：张学友和杨采妮。前者不怕被拒绝。至于杨采妮，她确信有人会帮助她，所以她耐心等待。他们俩都会有美好的结局，受到他们的影响，在影片最后的场景中，张国荣决定离开沙漠。

我一边说一边意识到，这种被拒绝的感觉是一根串联我所有作品的线。《阿飞正传》里的所有人物都有这种感觉。我认为《重庆森林》发生了一些改变，因为在最后，梁朝伟和那个女孩（王菲饰演的角色）不怕被拒绝了。

西门特：你是怎么找到《东邪西毒》的几个外景地的？

王家卫：因为预算的限制，我们只能在国内拍摄。我为了寻找接近原著中描写的地形，从北到南跑了好几趟都没有什么进展。后来有人给我看了一张张国荣（的角色）退隐之地的照片。我让艺术指导张叔平去那里看，他回来以后告诉我,那里比较适合做这部电影的外景地。

西门特:你是如何决定请哪些演员的?

王家卫:除了林青霞和梁家辉,我和所有演员都合作过。我喜欢熟悉即将合作的演员。对我来说,这部电影最大的挑战是林青霞,因为观众习惯看她在(徐克的)武侠电影里女扮男装。我对她很感兴趣,我觉得她可以演绎精神分裂的人格。至于梁家辉,他个子不高。而我们总是觉得古代侠客都高大雄健。梁家辉的表演是可信的。

西门特:故事是发生在一个虚构的时代,还是中国历史上某个特定的时期?

王家卫:原著的故事发生在八百多年前的宋朝。金庸擅长创作传奇故事,并将其融入中国的正史中,他在这方面很有才华。我第一次看素材时,决定不像胡金铨那样,为了还原历史而做研究。我唯一的标准就是:影片中包含的元素不晚于故事发生的时代。但是宋朝之前就有的物品、服饰和建筑特点都可以出现。我也不希望对白的语言夹杂太多的俚语或过于现代，但我没有刻意追求古代的、风格化的语言。

西门特：你为何中断《东邪西毒》的制作去拍《重庆森林》？

王家卫：我们停工了两个月，等一个重做声音的设备；《东邪西毒》的声音是在沙漠里录制的，质量很差。我没事情做，就遵从直觉，决定去导《重庆森林》。

西门特：《重庆森林》里的两位警察有相似的命运，他们就是《东邪西毒》中欧阳锋（张国荣饰）和黄药师（梁家辉饰）的化身。他们就像彼此的倒影，一个硬币的两面。两人都被女友抛弃了。

王家卫：《重庆森林》中我选择了两个警察，我希望第一个警察不穿制服。林青霞冷酷的外表和金色的假发在我看来也是一种制服。一开始，我想拍一部由几个部分构成的电影。一个故事发生在香港岛，一个故事发生在九龙；一个故事的情节主要发生在白天，另一个在晚上。尽管有所不同，但它们其实是同一个故事。《东邪西毒》

的手法是严肃的、刻意的,之后我想拍一部更轻松、现代的电影,但角色还是在应对同样的问题。

西门特:重庆大厦附近的香港街区最让你感兴趣的是什么?

王家卫:那是香港一幢非常有名的大厦。调查显示,每天有五千名游客去那里。那里有两百家旅馆,混合了各种不同的文化。就连周边街区的人都觉得那里是一个传奇的地方,人与人的关系非常复杂。那里有很多非法交易,所以也是香港警方关注的区域。那个人口过剩、过度活跃的地方正是香港的缩影。

西门特:林青霞和梁朝伟也出演了《东邪西毒》。你想要继续挖掘他们的个性吗?

王家卫:首先,另一位演员——在影片第二部分饰演女服务生的王菲——特别吸引我。她撞到林青霞的那个场景,在我看来,她们是同一个女人,只是年龄相差十岁。梁朝伟非常适合这个角色,因为他看起来很像警察。

西门特：你所有电影的叙事都很跳跃，从一个镜头很快跳到另一个镜头。

王家卫：可能是受戈达尔和布列松的影响。我决定用很短的时间导完《重庆森林》。对我来说，它就像一部公路电影。我几年前创作了两个短小的故事，一直没能把它们拍成电影。所以当时我想到把它们放进同一个剧本。开始拍摄时，我还没有全部写好。我按照时间顺序拍摄。故事的第一部分发生在晚上。我就用白天的时间写后面的故事！还好因为过新年，拍摄中断了一段时间，让我有了一点额外的时间完成剧本。

西门特：你给两位警官设计的识别号有特别的意义吗？

王家卫：由于懒得给人物起名字，我就想到用数字，别有一种风味。毕竟卡夫卡笔下所有的主人公都叫 K！我读 19 世纪俄罗斯小说家的作品时，被其中的各种名字和昵称绕得晕头转向，所以我很高兴回归卡夫卡式的简洁命名！

西门特：你和第五代导演①及台湾新浪潮②导演是什么样的关系？

王家卫：内地导演沿袭悠久的传统，但这种传统比较封闭，与外面的世界隔绝；香港融合得更多，我们受到了西方的影响。1945年后，有很多人从内地移居香港。他们习惯说普通话，而不是粤语，参与了电影工业的发展，他们的影片往往关注过去而非现在。台湾地区也是这样。但过去十五年里，新导演开始关注今日的议题。他们摆脱了五六十年代盛行的政治宣传电影（虽然宣传的目的不同，但那些影片其实和内地的政治宣传片很类似）。在香港，我们更注重娱乐。我认为，未来这会成为中国影坛的重心，海峡两岸暨港、澳的影坛会融为一体！

---

① 第五代导演指20世纪80年代出现的一批电影人，毕业于北京电影学院。重要人物包括陈凯歌（《黄土地》，1987）、张艺谋（《红高粱》，1987）和田壮壮（《盗马贼》，1986）。——译注

② 台湾新浪潮电影，又称台湾新电影，指的是20世纪80年代中国台湾地区一群新导演的作品。这些影片往往关注社会问题，有现实主义元素。重要人物包括杨德昌（《海滩的一天》，1983）和侯孝贤（《童年往事》，1985）。

西门特：从电影制作的角度来看，近十年哪些华语电影——无论来自什么地方——对你影响最深？

王家卫：侯孝贤的《悲情城市》。

"Working like a Jam Session" by Michel Ciment from *Positif*, no. 410, pp. 39–45. Interview conducted in English and Chinese in Venice on September 11, 1994. The interviewer thanks Norman Wong for his translation from the Chinese.

凯悦森林的北丐南帝——与王家卫对话

林耀德/1994 年

林耀德：都市是你一直擅长把握的主题。

王家卫：大陆第五代导演和台湾地区的侯孝贤,他们的观点都在乡土,我注意的是都市文化。

林耀德：基本上,我们这一代的"现实"就是都市文化。

王家卫：我小时候看的粤语片和台湾地区的电影,它们的题材都是跟现实脱节的,把以前的事情放在"现在"。那时候进香港地区的,还有日本戏、法国电影,各种文化交织在一起。在这种都市资讯环境下,我会注意"人在城市"的种种问题。

林耀德:你对于自己的成长历程和创作生涯应该有清晰的自觉。

王家卫:我自己分析我自己的戏,我想从《旺角卡门》《阿飞正传》到第三部戏《东邪西毒》是一个阶段,《重庆森林》是一个新的阶段。

林耀德:从商业的角度来看,应该先上映《东邪西毒》,后推出《重庆森林》①,因为媒体的焦点都集中在《东邪西毒》上,《重庆森林》整个被遮蔽了。如果按照你自己的分期来上档,《重庆森林》中那富有开放性和想象空间的结局,就显得更加意义非凡。

王家卫:常有人说《阿飞正传》是时间和记忆的故事,其实这只是其中的一部分。你注意到了? 前三部戏中的角色都恐惧被别人拒绝,这是现代人很大的问题。日常中我们最常受到的伤害,就是被人拒绝。这跟我的背景

———————————

① 《重庆森林》7月公映,《东邪西毒》9月公映。

也有关系。

林耀德：这和你的移居经验有关。

王家卫：我五岁从上海到香港，语言不通，我家在香港也没有什么亲戚，念书的时候也很孤立。我母亲是个影痴，在上海时期她就喜欢看西片。到香港之后，我上午上学，中午她接我去看戏。一天看两场三场，主要看西部电影、古罗马场景的片子，还有神怪片，后来才看国语片。

林耀德：总有印象深刻的片子，我老是记得《辛巴达七航妖岛》(*The 7th Voyage of Sinbad*)里的怪兽。

王家卫：对我来说，《月宫魔盒》①给我很多想象。

林耀德：你和母亲的关系一定很特别。

---

① 主编没有找到叫这个译名的、在中国香港放映过的外国电影，因为采访者和原刊物均来自中国台湾，电影译名可能不尽相同。《月宫魔盒》可能指的是《巴格达妙贼》[*The Thief of Bagdad*，导演是迈克尔·鲍威尔(Michael Powell)、路德维希·贝格尔(Ludwig Berger)、蒂姆·威伦(Tim Whelan)，1940]。

王家卫：我和父亲的距离很远，他总是不在家，常到外地去。我大部分时间都和母亲在一起。我戏里面女人的原型，大部分是我母亲和我现在的妻子。

林耀德：和母亲相处的日子里，一定有些强烈的意象在你的记忆中。我指的是，类似某种画面或者某个景。

王家卫：在上海的冬天，她不用上班，小孩们都睡在一张床上面，哥哥、姐姐和我，大家都躲在棉被里。我母亲和牛奶公司单位领导很好，所以每个早上都有牛奶。冬天的早上，有阳光，有股很温暖、很安全的感觉。像加缪，他就写了很多母子之间的关系。二十多岁的儿子想要有自己的生活，但母亲有病，所以他每次出去就会有压力，因为他知道母亲需要他。但情感开始变质了，带有了恨的意味。在加缪的《局外人》里头，很多情节我仿佛都经历过，我看他的东西会有共鸣。

林耀德：谈到加缪，你成长过程中的阅读经验也令我好奇。

王家卫：我爸爸的观念很怪，他认为一个人小时候应该把所有的名著都看完。

林耀德：我的经验也很惨痛，小时候我背完《论语》，以后就丧失了背诵的能力。

王家卫：第一本书是《三国演义》，然后是《水浒》《红楼梦》。我的哥哥姐姐都留在内地，当时他们读的故事都是来自苏联的，还有就是18世纪、19世纪旧版本的法国浪漫主义、写实主义小说，这是我另一个奇特的阅读背景。我爸爸要求我一定要和哥哥姐姐通信，为了有共同的话题，我中学时代都在图书馆翻阅世界名著。

林耀德：不见得都看得透彻吧？

王家卫：读多了就会留下一些印象，特别是巴尔扎克。

林耀德：《人间喜剧》？

王家卫：对，接着我看了不少美国小说。

林耀德：喜欢哪个美国作家？

王家卫：斯坦贝克、海明威。后来再长大些我开始看日本小说，最初是川端康成，我喜欢他的《雪国》和《睡美人》。

林耀德：安部公房呢？他对于都市人的时空观有很独特的表现。

王家卫：看，《砂女》就像你说的。不过影响我比较大的不是安部。你先听我讲下去。对于三岛由纪夫我也没有多大感受。后来我看了日本新戏作派①和新感觉派②的小说，非常喜欢太宰治。

林耀德：太宰治的作品里总是并存着憧憬和虚无，他自杀成功前最后一部长篇是《人间失格》。那横光利一呢？他的《头与腹》中，写快车把沿途的小站像石头一样

---

① 日本文学流派，活跃于 1946—1950 年间，采用反传统的自嘲式手法，揶揄人生际遇，抨击社会罪恶，渲染幻灭情绪，试图在沉沦中发现美。——译注
② 20 世纪初兴起的日本文学流派，是日本最早出现的现代主义文学，主张文学以主观感觉为中心，否定客观，以"新的感觉"表现自我。——译注

撇开了,那是很有电影感的作品。

王家卫:哦,除了太宰治,横光利一是我最喜欢的日本作家。到1989年的时候,有机会看村上春树的小说。

林耀德:村上的作品最近走下坡了。

王家卫:一开始看村上春树很感兴趣,最近几年变化没那么大。我当年喜欢的是《1973年的弹子球》。整体来说,川端康成、太宰治和横光利一对我的影响比较深远。

林耀德:拉丁美洲小说呢?我的排名是博尔赫斯居首。

王家卫:马尔克斯引起旋风后,我也看南美的作品,像你说的博尔赫斯。马尔克斯的《百年孤独》是一部大书,还有《一桩事先张扬的凶杀案》。看《一桩事先张扬的凶杀案》时,我已经开始编剧。但我从来没想到讲故事的时空顺序能够这样逆向处理,于是我开始朝这个方向思考。而南美作家影响我最大的是写《蜘蛛女之吻》的那个作者。

林耀德:曼努埃尔·普伊格。

王家卫:到了现在来说,对我拍电影产生最大影响的正是他。

林耀德:你喜欢电影还是原著?

王家卫:最好的是原著小说。不过他最好的作品不是《蜘蛛女之吻》,他最好的作品是《伤心探戈》①,很伟大的作品。在他之后,我就没看过什么伟大的作品了。现在我正在找书看,目前在读《资治通鉴》。

林耀德:我建议你可以看《晋书》,五胡乱华的凄艳历史,充满了神奇魔幻的色彩。更值得注意的是唐代的绮丽文体。唐代编撰的《晋书》其实是用唐人的世界观来重新阅读晋代。

《晋书》里最有趣的复仇人物是苻坚的族孙苻登。他

---

① 《伤心探戈》(*Heartbreak Tango*)是英译本书名,中译本书名为《红唇》。——译注

祖父符坚的大帝国在淝水之战后四崩五裂,最后(符坚)被叛将姚苌所杀。符登召集旧属,自东向西一路攻逼姚,其全军吃的就是敌人的尸首,而且在进攻时,带着符坚的神主①随军前进,每一个士兵的铠甲上都刻着"死休"字样。

王家卫:拍《东邪西毒》的时候,我看了一本讲古代复仇的书,才知道中国人复仇有很多规矩,而且复仇的计划往往很费时,五年、十年,甚至几十年。我原本的构想是西毒要找东邪报仇,但是他经过很多无人的地带,讲话的机能逐渐退化,他开始活在想象中,最后复仇的动机也模糊了。美国约翰·福特(John Ford)导演的《搜索者》也是找人的故事,到了最后,找不到人已经不重要了,重要的是在寻人的过程中重新发现时间和生活的意义。

林耀德:对了,你还没提到中国近代文学。

王家卫:我看了很多鲁迅(的作品)。

---

① 供奉祖先或死者用的小木牌。——译注

林耀德:鲁迅的《朝花夕拾》是真正的好东西,这本书很受冷落的。

王家卫:《朝花夕拾》写得好。

林耀德:当代作品呢?

王家卫:我没有找到什么可看的,基本上都没有出现什么一家之言。能够谈谈的还是近代的鲁迅、周作人,老舍我也很喜欢。最近我开始对海派小说有兴趣。

林耀德:你讲的是施蛰存、穆时英、刘呐鸥他们这群上海新感觉派?

王家卫:穆时英最好,基本上我想拍一个戏是讲穆时英的。他一部分作品是写很堕落的东西,夜生活啦,流氓啦,舞女啦。另一部分作品却写底层人民的生活。我看穆时英本人的历史也是蛮传奇的。上一次我去上海,本来想去访问施蛰存。

林耀德:每次我到上海都会去探望他。

王家卫:有一次,日本人想找我拍一个短的戏,我本来想要改编施蛰存的小说。

林耀德:《将军底头》很适合。

王家卫:但我喜欢《春阳》,就电影来说,《春阳》是很好拍的。海派作家的观点都在城市里面,他们都很喜欢看电影,所以他们作品中的电影感很强。

林耀德:穆时英的《白金的女体塑像》《空闲少佐》如果转换成影像艺术,一定可以有不少发挥的空间。

王家卫:很多很多很好的东西,所以我有机会一定会拍穆时英的小说。

林耀德:你可以把穆时英的好几个短篇串接起来,重新拼贴,就像你处理《阿飞正传》。

王家卫:穆时英的那些作品基本上是可以放在一起的。

林耀德:其实穆时英那批人和你喜欢的横光利一是有关系的。上海新感觉派的出现只比日本新感觉派

(1924)晚了四年。穆时英那批人受到日本文坛的影响很大。现在上海还可以找到不少实景,可以重温二三十年代的气氛。

王家卫:拍《东邪西毒》时我经过开封,他们说开封保存得很好,可是加了很多新的东西,就不行了。反而是山西的太原、大同遗址,能找到一些寺庙,接近古代的原貌。

林耀德:中国建筑以木造为主,所以保存性自然不如希腊、罗马的石造建筑。

王家卫:最主要的,还是中国人缺乏保存古迹的观念。

林耀德:哥伦比亚的马尔克斯,他和英国的格林(Graham Greene)在个性、文体、行事风格各方面都大相径庭,但是这两个小说家成为莫逆之交。他们还有一个共同的挚友——死于空难的巴拿马军事强人托里霍斯①。

---

① 奥马尔·托里霍斯(Omar Torrijos, 1929—1981),1968 年至 1981 年巴拿马的实权人物,1977 年与美国签署新的《巴拿马运河条约》,让巴拿马收回了巴拿马运河的管理和防务权。——译注

那么你这些年来的好朋友是哪些人？

王家卫：我没有很多朋友，我不擅长交际。我身边的朋友……嗯，有个性格作风和我不同的刘镇伟，除此之外就是我的美术指导张叔平了。

林耀德：刚才我们谈到的普伊格，他的《丽塔·海华丝的背叛》《红唇》这几本小说，不但以传统的方式连载，而且通过广播、电视剧和小册子各种媒介广为流传。当然，1976年的《蜘蛛女之吻》也搬上了银幕。我觉得你可以写小说，像《重庆森林》里梁朝伟和王靖雯（王菲）那段，包括旁白，乃至整个结构和节奏，除了运用的语言来自镜头，可说是一篇十分精致的短篇小说。也许，你可以尝试透过文字、漫画或其他形式来呈现你的想法。大卫·林奇的《双峰》就大开大合地玩耍了一番。

王家卫：我正在思考这个问题。

林耀德：《重庆森林》和《东邪西毒》的旁白都很有文学性。

王家卫：举一个例子，我接触武侠小说，起先听广播——香港有阵子很流行广播小说,然后我再看文字,最后看武侠小说改编的电影。所以我在《东邪西毒》里就想把这三种媒体的特征结合在一起。

林耀德:你指的是以旁白来模拟广播效果,增强旁白与对白的文学趣味,然后把它们用电影拼合起来。

王家卫:嗯。还有,我最开始看的武侠是金庸,然后才是古龙。

林耀德:你用金庸的"外壳"——其实也只借用了几个角色的绰号——来包装一些古龙式的趣味。

王家卫:对对。再说武打的部分,在《东邪西毒》中,每一段都撷取了某种武侠片的时代特征。梁朝伟那段是张彻①那种悲壮英雄、以一挡百的调子;张学友那段比较有日本时代剧一刀决生死的味道;林青霞的部分自然是徐克那种高来高去的玩意儿。我希望把所有的东西都放

---

① 张彻(1924—2002)导演了很多功夫及武侠电影,如《独臂刀》(1967)、《刺马》(1973)等。

在这部片子里头。

林耀德:你在《东邪西毒》里——包括音乐、剪辑和不同单元的呈现方式——把后现代电影的特色全部网罗了。从某个角度来看,你将类型电影的形式和本质偷天换日了,你悄悄修改了类型电影的内涵。

王家卫:《旺角卡门》和《东邪西毒》是这样的,不过《阿飞正传》比较复杂。

林耀德:《阿飞正传》错综了几种风格的戏。

王家卫:我自己分析出四种。第一种是你很清楚的后现代风格。第二种是张国荣和刘嘉玲的对手戏,那是50年代好莱坞的电影模式。第三种是"公路电影"的调调,主要是菲律宾拍的那部分。

林耀德:第四种呢?

王家卫:怎么讲……我自己的感觉是,怎么讲,嗯,可以说是黑色电影。

林耀德：你指的是诺尔片（Noir），黑色的暴力恐怖片。

王家卫：对，《阿飞正传》分成四个段落。《东邪西毒》是大拼盘，把所有武侠的元素都投进去，来呈现一个不是武侠小说所要表现的意念，整个价值体系都不一样。

林耀德：英雄在传统武侠小说和电影中的固定地位，这下子一股脑儿被你消解抹除了。

其实你跟史蒂文·斯皮尔伯格（Steven Spielberg）有很不一样的地方。

王家卫：当然不一样，他太卖座了。

林耀德：我这么说，前提是你跟他有一点是相同的。你和他相同的地方在于，你们都企图综合一些传统元素，透过拼贴、融合而产生崭新的视觉和心理效果。

王家卫：那不一样呢？

林耀德：斯皮尔伯格非常圆滑，你会刻意暴露出后设①的痕迹。

王家卫：大家都有冲动把小时候看到的、经验的东西重新表现出来。《东邪西毒》以前的东西比较沉重一点，到了《重庆森林》我已经开朗许多了。你知道这个世界的毛病，你生活在现代社会里不可避免地面对一切，你最后只好自得其乐，不需要那么沉重下去。《重庆森林》是一部教你怎么去"消遣"的电影：你很孤立，你一个人生活，但是你也可以用很多方法让自己拥有乐趣。我开始觉得，自己的沉重感是因为自己不够成熟，到现在很多事都可以放开了。

林耀德：创作者应该自觉到，创作中本来就有很宽裕的游戏空间，不全然是压抑和负担。从存在主义过渡到后现代思潮，似乎也可以从你的作品中看到完整的缩影。

你有什么值得交换别人秘密的怪癖？

---

① 关于"后设"（meta）一词的定义，参见 https://www.practitioners-lab.org/meta-media-research。——译注

王家卫：没有。

林耀德：你和老婆的关系呢？这倒像是影剧版记者的无聊问话。

王家卫：正常。

"The Northern Beggar and Southern Emperor in a Pleasant Forest: Dialogue with Wong Kar-wai" by Lin Yao-teh from *United Literature*, no. 120, pp. 130 – 137. Interview conducted in Mandarin Chinese on September 21, 1994.

王家卫的一枚硬币

加里/1995 年

　　今天的都市情缘可能不再是一见钟情、爱你一万年；只要是一点缘、一个契机，便可把来自不同世界的人扯在一起。连一枚硬币也可以。

　　王家卫的电影一向以影像为先。这不单是画面上的影像，更是对白中所产生的意象。什么几年几月几日几时几刻，秋刀鱼肉酱保鲜纸，等等，都没有在画面上出现，却在观众的脑海里出现。这也是所谓的影像丰富。

　　总括而言，王家卫对时间、数字、地域、物件都非常敏感，通过这些存在与不存在于画面的影像，把今日都市人的感情宣泄出来。有的人会承担，有的人会转移。就是这样,剧中人、导演,以及观众一齐把感情宣泄出来。

今次的访问也记录了导演口中的种种时间、数字、地域和物件。

加里:你的电影总会给人很有创意的感觉,例如《重庆森林》里即兴的手法,《东邪西毒》那种既分散但又完整的叙事手法等。今次《堕落天使》会有怎样的突破?

王家卫:《堕落天使》之所以开始,是因为《重庆森林》本身有三个故事,但那时因篇幅问题,拍了两个便已经无时间容纳第三个,于是今次把它继续发展,成为现在的《堕落天使》。所以,《堕落天使》在若干程度上颇接近《重庆森林》。但当然,我亦不希望《堕落天使》会是《重庆森林》的再现,所以在风格上会有点不同。譬如今次用了辅助手提灯,多了点颜色,而最重要的是大量用了超广角镜,以九点八毫米作为拍摄时的 standard lense(标准镜头),使得片中角色的距离看似很远,但实际又是很近。

加里:这种咫尺天涯的感觉,会不会就是《堕落天使》希望带出的信息? 一种现代都市人的感情关系?

王家卫：我想都是，当你活在这样（小）的都市里，人与人之间的关系（好似很近，实际上）彼此间心理上的距离却是很远。

加里：还记得你在一个访问里曾经说过，那是你拍《东邪西毒》的时候，是你拍戏以来心理上的一个总结，把《旺角卡门》《阿飞正传》那种沉郁、悲观的心态展现出来。但《重庆森林》的时候，整出戏的调子明显变得开朗、乐观了许多。今次《堕落天使》会是延续这个调子下去，还是返回以前那种沉重的心态？

王家卫：我想《堕落天使》都是乐观的，尽管是堕落，但人甘于堕落其实也有他的乐趣，戏中的人就正是寻找这份乐趣。

加里：今次《堕落天使》用了很多夜景，除了剧情的需要外，还有没有其他目的？

王家卫：其实很多事情都可在晚上发生。在拍摄的时候，夜景还可以把很多地方遮去。尤其当现在拍戏愈来愈难，不论在场景上，（还是）借用场地等，都非常困难，可以用的地方亦已七七八八（所剩无几）。现在多用夜景便可遮丑，遮遮掩掩便很易过骨（过关）。

加里：说到用景，你除了喜欢使用夜景以外，你选取的景点其实也很特别。常常用很多在一定程度上能够代表、象征香港的地方，譬如《旺角卡门》的旺角①，《重庆森林》的尖沙咀、重庆大厦、兰桂坊②，而今次《堕落天使》又有政府大球场、三六九饭店，等等。其实你在选景的时候，有没有什么特别的用意？

王家卫：这个蛮有趣，以前我也不发觉这个现象，到了今次拍《堕落天使》的时候，我才发觉我选了很多湾仔③的实景。而湾仔本身又是两个世界，由电车路分隔

---

① 位于九龙的旺角人口稠密，集住宅和商业区于一体。那里有不少黑帮。
② 位于九龙的尖沙咀是一个商业区。重庆大厦位于尖沙咀。位于中环的兰桂坊有很多酒吧、餐馆和夜店。这里很受定居香港的外国人、时尚的当地年轻人和中产阶级欢迎。
③ 湾仔是香港岛的一个地区，旧社区逐渐被改造成新的商业区。维多利亚港的填埋区上建有高楼大厦。

开:海旁的一边是苏丝黄的世界①,而且亦有很多人拍过;而另一边是皇后大道东,那里保留了很多很旧的东西。当我找景的时候,我渐渐发觉这些都是香港人曾经在这里生活过的地方,譬如饮茶的地方、旧书摊、杂货铺等都不多不少反映我们香港人的生活方式。但在不久的将来,我相信这些地方也会消失,正如我们晚上看粤语长片②时,戏中很多旧的实景已经不复存在,但就是被这些粤语长片保留下来。所以(我)自己心想:"为什么我们不可以这样做呢?"于是今次很多情节都在湾仔旧的一边发生。我以前是完全不自觉的,但事实的确如此。《阿飞正传》所有的东西已经不见了,戏中张国荣的居所已不知变了乐信台还是雍景台③,皇后餐厅也搬了……所以今次当我自觉的时候,更觉得应该朝着这个方向去做,保留些旧的。

---

① 《苏丝黄的世界》(*The World of Suzie Wong*)是一部 1960 年的美国电影,讲述了一位画家来到中国香港寻求绘画灵感的故事。湾仔是影片的取景地之一。
② 为填充播放时间,香港电视台午夜后常播放几家香港制片公司拍摄的老电影。
③ 《阿飞正传》中张国荣的居所变成了奢华的公寓大楼。——译注

加里：这正如电影的功用，把时间保留，停住了历史。

王家卫：对，这正是电影神奇的地方。

加里：如此看来，你的电影颇有怀旧的心态。

王家卫：我想不是怀旧，只不过当这样东西已经没有了，你便会怀念。我想我现在只是希望去保留，将时间停顿，把这些面貌定形于一格菲林（胶片）上。日后大家看这出戏的时候可能会不喜欢这戏，但的确认识到一些以前的地方与事情。

加里：刚才你提到《堕落天使》有点像《重庆森林》般乐观，但有些人说《堕落天使》是《旺角卡门》加《重庆森林》的混合体。你怎样看？

王家卫：如果这样看的话，岂不是每出戏的风格都应该由以前拍下的融汇起来？而非其中一部、两部。因为每出戏都是由自己拍的，不多不少也会积累以前的经验。况且，有些角色是需由特定的演员演绎，不可随便把某戏凑合而成。例如《旺角卡门》的刘德华、张学友未必可以由黎明取代,而刘德华也未必适合演《堕落天使》。每个演员有他独特的特质。

加里:今次《堕落天使》的演员全是新晋的青春派演员,找来他们有否特别的意思?譬如配合他们像天使般幼嫩的意识。

王家卫:选了他们,第一是因为成本问题。很多一线演员的片酬已经很昂贵,很易便成为一出大制作,但我此时此刻又不想拍出太昂贵的电影。再加上好似《重庆森林》的制作给我很舒适的空间,拍摄的时候也分外轻松,出来的效果也不错。

另外,现在香港已没太多新晋的演员,演来演去都是那几个。为了增加观众的新鲜感,应该尝试多用新面孔。金城武、王菲、周嘉玲等在《重庆森林》的反应蛮好。(既然)这样,为什么不起用新人?

加里:你的电影常常谈到都市人的感情,但往往是一种错置、失落的感情。你怎样看?

王家卫:我觉得都市人最大的问题是,每个都爱自己多过爱别人，所以被他爱的人并不重要，重要的是在爱这个过程中，他有否寻找到乐趣。现在每个人都懂得怎样保护自己，更明白爱一个人（很多时候）反会换来伤害，但有些人也可在这个伤害中得到自己的乐趣，因为大部分的都市人都会爱自己多些，对其他人则有所保留。

加里：最近看到一个访问，其中谈到你觉得现在的电影人都只是在包装一些旧罐头。而你自己在这个过程中又有没有特别的方法，令它看来更具新意？

王家卫：看来这已经不是包得有新意与否的问题，只不过是把一些已有的东西重整，而重整的过程其实也是另一种创作。实际上，有很多电影题材和类型已经用过，只不过是时候重新调整，把这些东西拍得与现代吻合。因为我们正在体验人的惯性，就如我们看电影已经有了一种惯性。当你把情节的先后次序倒转，你可能会有点意外，但事后当你习惯了，什么也会变得没问题。我们就是这样生活。

加里：今次的音乐部分有什么特别？会不会有《重

庆森林》的《加州梦》("California Dreaming")这类流行歌曲?

王家卫:今次有闽南语歌,也是与剧情相关的……其实电影中一直以来的歌曲都是我平日爱听的,除了《东邪西毒》。因为这出戏需要一种由头到尾完全统一的音乐。那时本想做到好似莫里康内①那首很夸张的音乐,因为西部片与武侠片的音乐其实很突出,那时希望做到这个效果。

加里:曾几何时,听说你有意开拍一出你父亲编写的剧本。现在《堕落天使》之后的新片,会不会就是这个故事?

王家卫:我想我暂时还未有这个能力,因为这个剧本拍出来一定会很昂贵。它牵涉到1949年的中国。当时的人从上海流亡到广州,再由广州到了香港,而故事便是围绕当中的五个女人在那时所面对的一切一切。正因为

---

① 埃尼奥·莫里康内(Ennio Morricone,1928—2020),意大利电影配乐大师,曾为《海上钢琴师》《八恶人》等电影配乐。——译注

整个故事牵涉了几十年的时间,花费的成本一定非常昂贵,所以现在把它搁置一旁,等到适合的时机便会开拍。

加里:上一次《重庆森林》的两个故事是由片中金城武与王菲的相遇串联起来。今次有没有这些缘分、巧合的元素?

王家卫:今次是从一枚硬币开始,就是这样,实实际际的开始……

但这枚硬币又怎样引发出故事?导演始终不肯答复,看来这枚硬币对戏中的情节极有帮助。听闻这是用来串联黎明/李嘉欣、金城武/杨采妮的故事的。

"A Coin of Wong Kar-wai" by Gary from *City Entertainment*, no. 427, pp. 33 – 35. Interview conducted in Cantonese in 1995.

王家卫的电影超级市场

麦圣希/1995年

王家卫是香港电影的一个异数,也可算是一个奇迹。他的电影曾经在影评界闹得风云色变,他拍电影的方法也曾是圈内圈外人所争议的对象,尽管有关他与他的电影评论毁誉参半。在他眼中,拍电影犹如制造超级市场内的商品,可有不同的种类,也可有不同的制造方法。

麦圣希:今次《堕落天使》用了超广镜拍摄,把镜头下的空间扭曲,为什么会有这样的构思?会不会与你表达的内容有关?

王家卫:因为香港的地方愈来愈小(笑)……很多时候都要用些 wide angle(广角镜头),既然用 wide angle,怎么不尝试极端一点?于是便试最 wide(广)的。香港四百多(平方英尺)的房间能够变得如此宽敞,也全靠这个 wide angle,把香港的地方变大一些……

麦圣希:但在内容方面,会不会有助表达戏中人物的关系?

王家卫:拍了不久,这种方法便与剧情分不开,从第一个镜头开始,那时因为地方太小而用了超广角镜,一试之下效果果然不错,所以继续用。而超广角镜会把镜头的 perspective(透视)扭曲。人与人之间的距离看似很远,但其实很近,颇符合剧中人物的关系。

麦圣希:若再仔细点看,这些扭曲了的人物与观众的距离又看似很近,事实却是很远,会否与内容中人物间既疏离又亲近的感觉相呼应? 或者尝试把观众的层面纳入电影中?

王家卫:这个留待你们写吧。

麦圣希:那么,你在创作的时候有没有想过,可以借着这种电影语言去传达一些 message(信息)出来?

王家卫:我拍戏从不会先想 message,纯粹是直觉,直觉是这样便是这样。

麦圣希:而且是现场的直觉?

王家卫:这也不一定,有时拍的时候会觉得效果欠佳,但有时又会觉得比想象中好。有时根本不用到现场,只要在准备明天的戏(就)想象得到,这些也是直觉。

麦圣希:到了剧本的 stage(阶段)时,你已准备了多少?

王家卫:留下很多线索,知道人物间的关系,大概知道剧情的发展。但时间不是我们控制,我们不可能慢慢写好剧本,整理好后才找演员。因为以独立制片而言,我们很多时候是有了演员,然后开始卖片,再商议交片期等。

麦圣希:但若拨开这个客观的限制,你个人会倾向先有一个完整的剧本,还是全无剧本便开拍?

王家卫:两种都可以,因为出来的效果也是一样。尽管有了完整的剧本,但很多时候都会因为演员的排期、演员与演员间的火花等问题,不能如你心中所想,结果也是要一边拍,一边改。但当然,改是改,你还需要清楚知道自己要求的东西和控制一切剧情的发展。

麦圣希:那么,采用广角镜都是在现场才想出来的idea(主意)? 这是你的意见还是杜可风的?

王家卫:第一个镜头是我想出来的,因为在拍摄时所采用的镜头角度都是由我去决定。但今次便给了杜可风很多难题,因为要在很近的距离用广角镜拍摄演员,很多时候会留下摄影机的影子在演员的面上。这亦同时带给(我)自己麻烦,因为 NG 的次数也多了。

麦圣希:《堕落天使》中五个角色如何塑造出来?

王家卫:首先,黎明的杀手其实来自《重庆森林》第三个故事,但当时因篇幅问题而没有拍到,所以杀手这个角色早已经构思好了。而金城武上次是警察的角色,今次便希望转换一下。再加上他是说国语的,于是便想到给他饰演一个哑巴,而且喜欢在晚间走进别人的店子做生意,结果遇上了杨采妮,发展了二人间的关系。至于莫文蔚,是一天黎明在街上 pick up(搭上)的一个女子,(他)希望与她过一晚,但原来她是他很久以前追过的女子……

麦圣希:其实,上次《重庆森林》已经见到戏中的角色会在镜头里相遇,但他们互不认识,而今次《堕落天使》会否有类似的情况出现?

王家卫:今次,互不相识的角色在戏中相遇的机会有更多,遇上后还会有对白。而金城武与李嘉欣有更多相遇的机会,因为他们住在同一地方。

麦圣希:这种安排令我联想到基耶斯洛夫斯基的电影。

王家卫:其实很多人也是这样拍,两者没什么关系。

麦圣希：还记得一次探班的时候，看见李嘉欣有一场戏在洗衣房内消磨时间，干些不太重要的事情，拿起电话筒、拾起毛巾、呆呆地坐，等等。你在拍这看似无关痛痒的事情时却用上颇长的时间，不怕闷了观众？

王家卫：我想不会。上次《重庆森林》王菲一段也是这样，观众蛮接受，亦不会没有商业元素。这些看似对剧情没帮助的情节其实也很重要，尤其是当你对一个人有兴趣的时候，他的行为便很重要。因为一个人的心声，说话可以随时欺骗别人，但他的行为瞒不到他人。

麦圣希：但有没有担心商业元素不足？

王家卫：《堕落天使》整出戏其实蛮商业，《重庆森林》也是。我想一般人看商业的定义颇狭窄。但有一点是弄清楚，电影是商业行为的一种，在当中亦应该有不同的包装和客路，也应该好似 supermarket（超市）一样，容纳不同的经营方式、不同的产品，也不应该 comment（评论）这间店铺做生意的方式有问题，那个卖的产品大众化……市场是需要不同的东西与办事的方法。正如你环顾现在的电影，有很多有官能刺激的电影也不商业（赚不到钱）。

麦圣希：至于刚才提到李嘉欣做闲事一段，我又会联想到50年代德·西卡①一批意大利导演的风格，很喜欢把人的日常生活、真实时间展现出来。你自己会不会受他们的电影影响？正如张叔平曾经说过，他颇受60年代法国新浪潮的电影影响。

王家卫：影响是一定有的。因为我们接触电影的时候正是这个年代、这个潮流，自然受到他们影响。而且我们不是读电影出身，只是在戏院长大。那时会看粤语片、日本片、好莱坞片，加起来便是整个电影教育。但这不代表会因为他们而去拍电影，也不会特别受某一类戏影响。我反而要考虑：电影是迫你去一个思考方向，还是留给你思想空间？如果不喜欢把每个drama（有戏剧性的情节）都计算得清清楚楚，从而控制观众的情绪，倒不如给予观众多点空间。

---

① 维多里奥·德·西卡（Vittorio De Sica，1901—1974），意大利著名导演、演员，意大利新现实主义重要导演。——译注

麦圣希:最近有一本关于香港流行文化的书①,尝试用你的电影人物引证世纪末的都市情怀,你认同这种看法吗?

王家卫:我想这个作者不够留心,因为我每出戏都很乐观,而剧中人物最终都会活下去,这与世纪末完全没有关系。现在很多人很喜欢滥用名词(语带厌烦),什么世纪末、颓废主义、后现代主义,等等。我觉得这些事(戏中人物关系)在什么时候都会出现,与世纪末毫无关系,根本天天都是世纪末。

可能他(该书作者)会以为戏中人要受感情的煎熬,但其实他们最终都能熬过去。譬如《阿飞正传》中的六位主角全都能熬过去;《东邪西毒》亦如是,不同的只是他们要等三四十岁才过得到(过得去)。

麦圣希:你的戏常以都市人的感情为主。

王家卫:其实,对二三十岁的青年来说,人生不单是

———————

① 可能指的是洛枫的《世纪末城市:香港的流行文化》(香港:牛津大学出版社,1995)。

这些,爱情以外还应有很多其他东西,所以在《堕落天使》中加入多些其他元素。而我对家庭伦理非常感兴趣,但大家期望的都是武林世家、贼父子之类的家庭伦理。所以我在有可能的空间内加入这些元素。

麦圣希:那么,你在每出戏中都加入一些动作场面也是因为要迎合观众的要求?

王家卫:其实,有更多人问我《重庆森林》为什么会用上警察,我第一个答案是喜欢他们的制服,第二是因为港产片一定要有动作元素。而在现代的社会里,烂仔和警察都常有打斗场面。到了《堕落天使》,我便拣了杀手。不过,动作与不动作也不算是什么问题,因为动作只是表达情绪的一种方法,一种行为、活动而已。

麦圣希:在你的戏中,演员的演绎方法通常很平面,就算失恋、换台,他们也不会动容半分,比如《重庆森林》的梁朝伟、金城武。其实,这种处理方法是回应都市人对感情那种患得患失的感觉,还是有其他目的?

王家卫:这只不过是个人的偏好,可能我自己是这种人，所以觉得这是适当表达感情的方法。

麦圣希：但会否抗拒太戏剧化的演绎？

王家卫：不会，只要他戏剧化得好看便可以。有时还要视乎剧情需要。如果在乡村长大的人呼天抢地，我会接受。

麦圣希：在你的眼中，怎样才算是演得出色？究竟"演"这个概念，是指扮演他人时演技精湛，还是不演而演，有点演回自己的感觉？

王家卫：基本上，若见到"演"已经不好，很多时候好的演技是你说不出来的。尽管有人说演回自己才是最好，但真正的自己根本无法知道，所谓"演回自己"其实也是在演。我想最重要是如何演得令人信服，让观众投入角色。

麦圣希：尽管拍摄电影的过程非常辛苦，当中要克服的困难也不少，但有些导演反而会享受这个过程，因为可以在拍摄的时候同时反省自己，而完成的作品反而可留待观众思考。你觉得拍摄电影是怎么回事？

王家卫：这要分两头说。一个导演在拍摄的时候，可能会不断地问自己："为什么要拍得这么辛苦？可不可以不拍？"拍电影简直是无期徒刑，但很多时间过后会享受那一刻，这是因为值得回忆的都是过去的事情，电影也是。享受的只有三分钟，但痛苦的可能是两年。

麦圣希：你的电影一直是评论界的焦点，研讨你电影的评论也很多，但当中有没有错误阅读的情况出现？

王家卫：我想这不重要，因为你拍了一出戏，一定会有人写，而且每个人都有自己的看法，我绝对不会干涉别人的想法，况且我也管不了。但现在很多人的看法已经不是因为一出电影，而是因为他对这出戏的看法与其他人的看法不同。于是大家争论彼此间不同的观点与立场，而不再是戏的本身。不过，一出电影是应该予人不同的思想空间。

但唯一使我气愤的是有人会把资料性的东西写错，譬如拍摄地点、拍摄时间，等等，若我看到便会很唔happy（不高兴）。我不会猜度他背后的动机，但作为一个传媒的工作者,他应该先查清楚所有资料才下笔,这是他应有的操守。

麦圣希:我觉得你写的电影对白很特别,尤其是主角内心的独白,除了很有都市感外,也如诗般没有理性的逻辑,充满很多可供观众自由阅读的空间。

王家卫:写的时候,我只是觉得这个角色应该这样说便这样说,纯粹从角色的个性出发。

麦圣希:你自己是读设计出身,为什么会当起导演来?会不会受到看过的电影影响,有冲动当导演?

王家卫:最初,读完书只是希望找份工,而当时 TVB 亦正举办一个导演训练班,而且有金钱补助。既然又有书读,又有钱收,何乐而不为?后来有人找我做导演,于是便开始了这样的生涯。我当然很喜欢电影,但不至于会有这样的冲动。只是有人找我便应承了。

麦圣希:读完设计后,有没有觉得帮助了你的导演工作,或者镜头度位等?

王家卫：完全无关系。读 design（设计）的也不见得特别有创意，我当时读 design 也是乱来的。当初选读只希望不用多做功课，多点自己思想的时间，但后来发觉完全不是这回事。

麦圣希：有没有某一种电影特别喜欢？

王家卫：好看的便可以，是可以感动观众那种。

麦圣希：那么你拍电影的时候，希望感动观众，还是感动自己？

王家卫：若要感动，第一紧要（重要）的是自己。有时不一定要流泪，可以在街边见到个修路工人也会感动一番。只要是全心全意，有好的 intention（意图）便可以。而我拍戏的准则是不要让自己有后悔的机会。

麦圣希：拍的时候有没有考虑感动观众的层面？

王家卫：会，电影始终都需与人沟通，但希望 present（呈现）一些方法，可以说明原来这样拍也可。有很多事情开始的时候接受不来，但不可能因为别人不接受而不去尝试,否则去尖沙咀只可行弥敦道①。

麦圣希:但在尝试的过程中,会否担心有重复自己的危机?

王家卫:当然不可重复。如果今天重拍《旺角卡门》,我想观众也未必中意。其实与观众沟通是需要做出尝试,因为每次试过以后,便会知道与观众的距离有多远。如果有问题便再试,再有问题再试,直到与观众的距离拉近。当然,这是在不可失去自己想做的大前提下进行。

麦圣希:你的电影很多时候都令人想起"叫好不叫座",你自己怎样看?

王家卫:开源节流,我一直也是这样做。如果你是一心想拍自己东西的导演,你应该要找一个生存空间。尤其是这几年,愈来愈觉得有需要让人知道自己只会拍这些,不拍其他的,若喜欢这样的便欢迎惠顾,但不惠顾也没相干。我始终觉得,如果要不断迁就海外市场,始终无

① 弥敦道是尖沙咀的一条主要街道。重庆大厦位于弥敦道。

法讨好任何一方，不能面面俱圆，更无法做到自己想做的。

麦圣希：你现在拍了五部电影，觉得自己有没有进步？

王家卫：我想不是进步的问题，而是人随着时间而不断地变化，所谓进步也只不过是变化而已。

麦圣希：那么香港其他的导演？

王家卫：各师各法。大家都是制造超级市场内的产品，只希望愈做愈好，给观众入场购买。

麦圣希：但整体而言，是否正如外间所说，香港的导演都在退步？

王家卫：不是退步，而是近年支撑大局的仍是这几个导演，譬如王晶①，一年拍这么多电影，简直就是养活了

_____

① 王晶是一位多产的电影导演和制片人，拍了很多"叫座不叫好"的喜剧。

很多人。现在新晋的电影人不多,因为香港没有培训人才,大家都不够远视,若遇上问题,只会不断向培训人才的资源与时间开刀。台湾地区也要面对这个问题。

再加上没有一间大公司会站出来,支持其他独立公司。于是他们便需面对海外市场的压力,但市场的要求是那些商业元素,结果出来的产品也一样。如果有大公司,便可有足够的资金投(给)不同种类的电影。

麦圣希:现在好莱坞的制作愈来愈倾向大制作——电脑特技之类的电影。会否担心垄断市场?

王家卫:这也不一定,这个时间亦可容纳很多另类的电影。正如观众看惯了《特警判官》(*Judge Dredd*),也会觉得《阿甘正传》很好看。在 supermarket 也一定有不同的产品。当科技发展到这个地步,自然也会与电影融合,是大势所趋。所以,中国亦应该送些学生去美国学习这些电脑特技。

但是否因为市场需要这些片子而抹杀了其他?我想不是。因为当目的不同,资金不足,那时便会有人去拍这些大制作以外的电影,所以非主流电影亦会有生存的空间。尤其是现在文字已经被影像代替，资讯亦这么发达，非主流电影总会有它的出路。

麦圣希：你曾经说过你自己的电影也是在包装罐头，而我个人亦联想到王晶的电影亦是 recycle（回收）一些其他人，或者自己的 idea，两者其实都是从事同性质的活动。但外间对此的看法非常极端，一面盛赞，一面批评。你怎样看？

王家卫：我想大家的目的都不同，而且我很久没看王晶的电影，所以很难做出评语。但我个人觉得许多人都用上低俗、cheap（廉价）等字眼来形容他的电影，这其实很片面。以前我亦看他的电影，王晶其实是个说故事说得很好的人，观众只需入场三分钟便知道之后的剧情发展，这不是易事。很多导演用上半天的时间也不知他要说什么。所以，王晶也有他成功之处。

麦圣希：电影对观众的意义在于什么？

王家卫：就个人而言，现在我希望做的正是我小时候希望得到的，把伤心、喜悦和失落带给观众。电影其实是一种沟通,不论是导演与观众、导演与演员,还是观众与观众间的沟通,总之是人与人之间的沟通。

"The Film Supermarket of Wong Kar-wai" by Gary Mak from *City Entertainment*, no. 428, pp. 24 – 27. Interview conducted in Cantonese in 1995.

非一般电话故事:打开沟通王家卫

易明/1997 年

王家卫给摩托罗拉电话拍广告像他拍其他电影时一样新闻多多,预算、造型、超时经常见报。广告还未拍起已经收到广告效果,但广告拍成点(什么样)无人提过。而我每次看他的新作都想知道他今次又玩什么,特别是其他电话广告故事情节上山下海,动作花样百出,电脑效果神乎其技,画面细节目不暇给时,更想知道他还有什么花招可使,令这个广告与众不同。

所以其实一看到爆炸头的王菲、残破的陋巷、墙上的涂鸦,已经知道王家卫又赢咗(了)。一般广告要求身光颈靓、美景温馨之类的原则统统一扫而光。他拍广告像拍电影一样狂情激荡，真是令人大开眼界。

究竟摩托罗拉当初为何偏偏选中王家卫呢？摩托罗拉的市场部代表如此说："我们的企业理念向有沉厚的内蕴力量、创新精神，而环观整个演艺界，能与咱理念同出一辙者，当非王家卫王菲莫属。而前者于行业内独一无二之领导地位，更与我们不谋而合。"

是次摩托罗拉的广告主题实在异常简单，讲人与人之间的沟通，广告标语是"打开沟通的天空"。这主题一点都不新鲜（别的广告曾提及"沟通就是XXX"），但今次王家卫回到最基本，抓着一个简单的意念发挥，正应验了一句西洋谚语——"The most sophisticated is simplicity"（最复杂精妙的往往最简单），明确地为摩托罗拉打开了艺术的天空。

王家卫的电影好看之处并不光是手法新颖，实在是感情真挚动人。《阿飞正传》的手法便够平实，但胜在演员的感情收放自然，没有一般港产片会有的夸张尴尬，于是不论感性性感都易说服人心，而这部摩托罗拉电话广告就胜在这里。所以即使别的广告电脑手法玩到出神入化，顶多叫人目眩神荡，但王家卫的摩托罗拉广告以丰富的感情激荡人心。于是广告再不只是广告,还成为一部电影。我把它当作王家卫的短片来看,然后想象将来的《北京之夏》①(不就是一个日本仔和北京妹的故事?)又会是怎么样。

易明:你怎样形容与手提电话的关系?

王家卫:平时很少机会接触手提电话。

易明:你对这个广告有何期待?

王家卫:摩托罗拉希望所拍摄出来之广告片,会与其他广告片有些不同,我也希望如此。

易明:你觉得美指张叔平在广告片中营造的什么气氛?他怎样打造主角的形象?他们是否漂亮?

王家卫:一般人对美术指导也有一种错误的观念,以为他们是替明星扮靓。但这不是美术指导之功能。美指之功能是在"视觉"上的表达。今次我觉得张叔平做美指

_____

① 《北京之夏》是王家卫一部未能完成和放映的作品。

很称职。我们尽量采用原色,不想用太杂的颜色,想用单调的颜色。

易明:一个三分钟的广告,是否相当于把你一套电影浓缩为三分钟呢?

王家卫:不相同。在体裁上面,三分钟的短片不等于一套九十分钟的电影的三十分之一。三分钟的短片要用另一体裁。譬如一部电影是一本小说,三分钟的短片可能会是散文或很短的体裁。

易明:在广告片中有三十秒的 version(版本)。你觉得用三十秒讲一个故事有何困难?

王家卫:所以我不是去表达一个故事,因为三十秒太急速。而是一个讯息。因为今次所讲是一个用作"沟通"的电话,所以只要讲出(与)"沟通"(的联系),已可 serve the purpose(达到目的)。

易明:你觉得这个广告片的主题是什么?

王家卫:沟通。

易明:拍广告的手法和拍电影的手法,最大之不同处是什么?

王家卫:拍电影好像有很多筹码在手中,一路一路地铺排,但拍三十秒的广告,你要一、二、三就讲到主题。

易明:我们在短片中见到的王菲,会是较接近她本人、电话广告片的模特儿,抑或是王家卫电影里的角色?

王家卫:我认为是三样的混合。我看不出是王菲自己。但由于短片的剧中人是王菲,很多时候所想的,自然配合到王菲,而这是摩托罗拉的广告,所以三样是可以混合的。

易明:整个广告有多少角色?

王家卫:来来去去一男一女,只有两个。因为主要是表达人与人的沟通,我觉得两个人就够。

易明:你觉得拍摄这个广告,遇到最大困难是哪一场戏?

王家卫:拍波子机(弹球游戏)那场。因为环境太过困难,我们预算拍很长,但场地又不容许,故要移师另一地方从新陈设,所以拍摄比较急速,相信这是最难之处。

易明:你选择一些特别的场景如"唐楼"(老旧住宅楼)、"果栏"(水果市场)和"夜店",有没有特别的意思?

王家卫:因为觉得这些景点适合拍摄。其实一个人的起居,我觉得主要是屋企(家)、公众场所和人来人往的地方。

易明:广告片中男女角是来自什么阶层?性格如何?

王家卫:我觉得他们并不是代表哪一特定阶层,是代表两个人,他们可以是任何阶层。

易明:找一个女性做手提电话广告的主角和找一个男性做手提电话广告的主角,有何分别?

王家卫:我没有性别歧视,我觉得是一样的。

易明:你与张叔平、杜可风合作了很多次,你们是已很有默契?

王家卫:是。默契是不需要多加解释,如这广告片,没有说要用什么造型、灯光。到拍摄时,很自然就能够造出想达到的效果来。

易明:你是否觉得一些人创造了新的东西,就是艺术吗?

王家卫:不一定。我觉得一切自觉的东西就不是艺术。艺术是一些很自然的东西。

易明:由构思、拍摄到剪片,你有没有难忘的时候或新的体会?

王家卫:每次拍摄一样东西,就只是一个过程。就好像冬天游泳,你要考虑好耐(很久),然后觉得肉骨冻,然后你行来行去,最终跳落水,好快游完上来。拍这广告的好处是,因为短,所以好像游完一圈,可以上岸,无须游得太久。

易明：你觉得王菲和浅野忠信①在广告中合作有没有产生特别的效果？

王家卫：他们在片中给我的感觉不像情侣，而是像两个小孩。很多人很大个，但内心像小孩。他们在片中给我的感觉就像两个小孩。

易明：两位主角在片中的关系如何？他们在拍摄时或休息时，有没有好的沟通？

王家卫：我觉得在片中或在平时，他们也对对方感到好奇，却有沟通困难。像在片中他们也不知道怎样向对方说话沟通；而平时可能由于语言之不同，他们的沟通也比较困难。

易明：你认为摩托罗拉找你拍摄的原因是什么？

王家卫：摩托罗拉告诉我，找我及王菲拍摄是因为他们认为我、王菲及摩托罗拉是"完美的组合"。王菲是亚

———————————

① 浅野忠信（1973—　），日本演员、导演，代表作有《梦旅人》《风花》等。——译注

146

洲的音乐天后,而摩托罗拉则是流动电话(移动电话)的领导者。而且他们希望我可以用创新的手法去表达"打开沟通的天空"这个主题。

易明:很多场景也很特别,如打波子机、落雪,有什么意思?

王家卫:想试下拍摄出来的效果。

易明:你觉得在这广告片里,你有没有做以前未曾试过的实验?

王家卫:就像一个说话口室(结巴)的人,要一口气讲一个故事。就是要以三十秒讲一个九十分钟的故事。

易明:拍完最后一个镜头,有什么感觉?

王家卫:想快点回家睡觉。

易明:你觉得王菲今次的表现,是否可以达到你的要求?

王家卫:没有什么不同。都是神神化化的(古古怪怪的)。

与从前没有什么分别。

主要是以前比较静,现在却说很多话。

易明:你为什么选择浅野为广告片中的男主角?

王家卫:主要是视乎角色的需要去选择,并不是因为
与他是老朋友。

易明:浅野的表现如何?在未来会否再度合作?

王家卫:起初因语言不同,说话有些不明白。但他很
努力,而且我们互相信任。若有机会,会与浅野再度
合作。

易明:与王菲再度合作感觉如何?在未来会否再度
合作?

王家卫:有二至三年没有与王菲合作,今次就像与老
朋友相聚。开始时,还要再度摸索。

若时间容许,会再度与她合作。

易明:你的作品一向都着重艺术的表现,而广告片一般非常商业化,两者之间会否有所冲突?

王家卫:任何东西好看就 OK。

易明:你觉得今次的拍摄,是否(延续)你一直的艺术风格? 你会否形容这广告片是一件艺术品?

王家卫:多谢摩托罗拉给予我很大自由去拍摄这广告片。我对成品很满意,至于是否一件艺术品不如由观众决定。我觉得这广告片与我一贯的风格差不多。

易明:你觉得今次拍摄有没有不足之处?

王家卫:拍摄永远有不足之处。有着时间、金钱、空间的限制。我只会在有限的范围内,做到最好。

易明:摩托罗拉的广告公司称,今次的广告片拍摄是三位"完美的组合"。你认为怎样?

王家卫:我觉得今次拍摄过程愉快,摩托罗拉的信任及广告公司的努力,都是一个相当愉快的合作经验。

"Open Communication: Wong Kar-wai" by Yik Ming from *City Entertainment*, no. 485, pp. 15 – 18. Interview conducted in Cantonese in 1997.

每部电影都有自己的运气

米歇尔·西门特和休伯特·尼格瑞特/1997年

采访者:影片(《春光乍泄》)从一开始就体现出双重的原创性:一位香港导演决定在布宜诺斯艾利斯拍摄一部以探戈舞曲为主要配乐的电影,而且他以最直接的方式开始一段同性恋关系,没有任何的"美化"或丑化。

王家卫:拍摄这部影片之前,鉴于故事发生在布宜诺斯艾利斯,我想这会是一部有关布宜诺斯艾利斯的影片。到达当地之后,我意识到不是这样。这也不是一部同性恋电影。我想讲述一个发生在两个男人之间的爱情故事。《重庆森林》和《堕落天使》之后,很多人在亚洲模仿这两部电影。几天前，在一个韩国发行商的办公室里，我发现了一部影片的预告片，好像在其本国很受欢迎。但是影片的一切——音乐、摄影机运动、蒙太奇——都来自我的两部电影。他们称那位导演为"韩国王家卫"！这是对我的警告：我必须前进。于是，我对我的摄影指导说，我们这一次要拍不一样的东西。《堕落天使》之后我拍《春光乍泄》还有一个原因：很多人都问我会不会拍一部与1997年香港回归有关的电影。由于那方面我什么都不懂，我觉得避免回答这个问题的最好方法就是去国外拍电影。我喜欢曼努埃尔·普伊格的小说，他的一部作品叫《布宜诺斯艾利斯情事》。我喜欢这个标题，（是它）让我想去这座似乎与香港截然相反的城市拍电影。然后，在拍摄《春光乍泄》的过程中，我开始一点点远离最初的计划。最终，我好像在布宜诺斯艾利斯再现了香港。

采访者：影片并没有借鉴曼努埃尔·普伊格。

王家卫：没有，影片不是根据他的任何小说改编的，但我确实想要向我最喜欢的小说家致敬。然后我意识到《布宜诺斯艾利斯情事》这个片名不合适，因为过度强调了这座城市的重要性，所以我选择叫它《春光乍泄》。

采访者：不过，影片对布宜诺斯艾利斯极具独创性的表现和游客的刻板印象有很大差距，一定程度上是接近现实的。

王家卫：你可能这么认为，但我认为阿根廷观众可能会批评我没有充分展现他们的城市。但那不是我的目标。我想要展现这两个年轻人所属的世界，从某种角度看，他们只有他们居住的那个房间。我选择的拍摄地总是让和我一起勘景的人非常惊讶，但到访之地的气味和光线会指引我。我在博卡区（La Boca）附近拍摄，那里是布宜诺斯艾利斯最危险的区域之一。大家，包括演员，都有一点害怕。我不知道为什么，但我觉得这些地方像九龙——香港让我感到特别亲切的区域。我们拍摄影片的那家酒店非常便宜：一个房间一晚只要五美元。那里全是可疑人物，包括在周围出没的黑帮成员。有些一看就很危险的人问我们要钱。但我了解这种人，在那里拍摄我很开心。这个区域拉近了我和我的世界的距离，因为布宜诺斯艾利斯的其他区域似乎非常陌生。气氛对我来说是完全陌生的,而且这座城市显然更像一座欧洲城市,而非一座南美洲城市。正如我在影片中所展示的,它似乎与香港截然相反。我也想用快一点的节奏拍摄电影,因为布宜诺斯艾利斯的节奏对我来说太慢了!

采访者:你不是第一个拍摄同性恋题材的异性恋导演。但和斯蒂芬·弗雷斯(Stephen Frears)一样,你避开了同性恋电影中常有的感伤和露骨的挑衅。最终,你像拍摄异性情侣一样拍摄同性情侣。

王家卫:这就是我用一个性爱场景开始影片的原因。我的处理方式很直接,毫不隐晦,为的是表明这是他们生活的一部分,就像一起吃饭或者洗衣服一样。我对浪漫主义没有兴趣。如果观众来晚了,错过了开头的片段,他可能会以为这是一对兄弟的故事,我觉得这样很好。拍摄过程中,我常常问我的摄影指导杜可风和我的剪辑张叔平:"这是一部同性恋电影吗?"然而影片一完成,我就明白了,这就是一个爱情故事。

采访者:即兴创作对于《春光乍泄》这样的影片有多

重要？

王家卫：说起来相当好笑。启程前往布宜诺斯艾利斯之前，我有一份两页的大纲，我坚信这是我第一次对自己的故事有如此确定的想法。在电影开头，黎耀辉（梁朝伟饰）正准备出发前往布宜诺斯艾利斯，因为他的父亲不知为何在那里被杀害了。然后，他意识到自己在寻找他（他的父亲）在布宜诺斯艾利斯爱过的人。最后，他意识到那个人是一个男人——何宝荣（张国荣饰）。然而后来我意识到，这个大纲里包含了太多的故事：寻人、梁朝伟在香港的问题、他父亲的人生、他和他的同性爱人十年来的关系。我觉得这太复杂了，而且因为张国荣要回香港参加音乐会，我们只有一个月的拍摄时间。除此之外，当时正好是罢工期间，制作方面也遇到了问题。时间飞逝，我决定写最简单的故事——一部公路电影，还是这两个香港男人不知为何在布宜诺斯艾利斯相遇。

采访者：这可能算是一部公路电影，但人物一直在房间里！

王家卫：甚至可以说是在厨房里！不过，因为对故事进行了很大的改动，我手头没有剧本。一开始，我只有几页剧本，有些部分是在拍摄的前一天晚上写的，甚至是拍摄开始前在片场写的。

采访者：在布宜诺斯艾利斯勘景的三个月里，你学到了什么？

王家卫：一开始，我尝试了解布宜诺斯艾利斯和那里的居民。但我很快意识到，我没有时间向外界敞开心扉，而是需要集中精神，这是因为我很容易被各种各样无处不在的细节分散注意力。如果看到一个烟灰缸，我就会想要拍那个烟灰缸。像这样分心对我来说很危险，我想把全部注意力集中在我们需要拍摄的场景上。而且，编剧、导演、制作人都是我，我从香港带了三十人的团队过来，这一切都很昂贵。这些人都和我合作了很多年，他们知道我在剧本和制作上遇到了困难。如果在香港拍摄，就不会出现这种情况，因为一天结束后，大家都可以回家，这样就可以放松。但现在我们都住在同一个地方，早晨我们大眼瞪小眼，相顾无言，但能够感受到对方的焦虑。就好像我们每天都一直在用好几块屏幕相互监控，这让我们产生了某种紧张情绪！我们每次遇上中国传统节日，就会想回香港，尤其因为停留的时间——原本应该是两个月——由于种种困难延长到了四个月。

采访者：重组这部影片时，你是否在故事的开头就设计了伊瓜苏大瀑布的主题？

王家卫：我不得不说，我们最主要的问题是给两位主人公寻找住处。我和美术指导张叔平（也是我的剪辑）很幸运，因为我们很快就找到了他们住的地方。所以他和他的搭档开始重新装饰那间公寓、找墙纸等。他们发现了圣埃尔莫（San Elmo）跳蚤市场——在布宜诺斯艾利斯的一个意大利街区——找到一盏灯罩上印着伊瓜苏大瀑布的灯。其实，他们买了好几盏类似的灯，有一盏就放在我房间里。我看着灯罩上的图案，想象两个男人凝望瀑布。这是一个很美的故事——一个男人想要通过一起看瀑布的方式与另一个男人分享幸福——似乎值得用在我的电影里。这赋予了他们一个共同的目标，也帮助我们构建叙事结构。

采访者:你的拍摄方式(镜头快速运动,好像情况十万火急)让你和杜可风的关系格外重要。

王家卫:这当然需要亲密的合作关系,这一次尤其如此,因为张国荣还有很多其他工作,所以我们必须十天内拍完所有有他的场景。我们甚至——基本不间断地——连续拍了三天,所有人都有一点崩溃。但我一直认为拍摄的风格来自拍摄的方式,这一次我们以最快的速度拍摄。通常,我会编排演员的走位,告诉他们移动到哪里。然后我会告诉杜可风摄影机如何移动,他再布置灯光。当然,沟通上我们完全没有问题,因为我导演的六部电影中有五部是与他合作的。我们不讨论灯光、置景或角度,因为从初次合作开始,我的指示就非常明确,他知道我想要什么。比如,我们对特写有不同的看法。他觉得不要太近比较好,而我则偏好离得更近。他知道这一点,会给我我想要的。所以我们的工作关系很好。他移动镜头时,我甚至不用看监视器,因为看他的动作我就知道画面会是怎么样的。通常,我们在片场什么都聊,但很少谈摄影。比如在我看来,这两个年轻人的故事是从他们越过南回归线的时候开始的,我就会问他,南回归线是什么意思。

采访者:开始拍摄这部影片之前,你熟悉探戈舞曲和阿斯托尔·皮亚佐拉①的作品吗?

王家卫:完全不了解。事实上,我第一次接触皮亚佐拉的作品是在去阿根廷的路上,我在阿姆斯特丹机场买了几张他的CD!对我来说,那不仅仅是探戈,更是节奏和激情。音乐赋予了我的电影及我取景的这座城市以节奏。音乐是声音的一部分,音乐主宰着布宜诺斯艾利斯的声音。另一方面,这座城市也充斥着广播和电视的声音,比如到处都能听到的足球比赛转播。

采访者:你买的皮亚佐拉CD里面竟然正好有基普·汉拉汉②编曲的一段著名旋律。

王家卫:我很相信机缘巧合。事实上,我的电影是由

---

① 阿斯托尔·皮亚佐拉(Astor Piazzolla,1921—1992),阿根廷作曲家,在阿根廷被称为"探戈之父"。——译注
② 基普·汉拉汉(Kip Hanrahan,1954—　),美国爵士乐演奏家、唱片制作人和打击乐手。——译注

小片段构成的。我到最后才看到影片的全貌。在我看来，这似乎是一种非常中国式的思维。一天，我在博卡区拍摄，我不知道自己为什么这么做，为什么拍这个镜头。完全是一个巧合。剪辑的时候，我意识到这个镜头会起到非常重要的作用。换句话说，就像拼图，我不知道正确的拼法是什么，但碎片会一点点自己组合起来。我认为，每部电影都有自己的运气。比如我们拍摄《阿飞正传》时，有一个片段应该是晴天，但天一直下雨。我们因此改了剧本，但我们准备拍摄时，太阳又出来了。那次，那部电影运气不好。我们一度非常担心《春光乍泄》中的瀑布画面，因为连续一周下大雨，而我们时间很紧。但拍摄当天，太阳出来了，我们拍到了水量充沛的瀑布，做背景的效果非常棒。这一次，我们很幸运！

采访者：和剪辑后保留的相比，你会用很多胶片吗？

王家卫：我分段工作，每一段都有编号，但我事先并不知道它们之间的关系，也不知道它们在故事中的顺序。剪辑时我会尝试不同的组合。我们用了虚拟剪辑软件

Avid 剪辑《春光乍泄》。但我最早是在 Steenbeck 剪辑工作台①上进行的第一次剪辑，那次我连续剪了三个小时，因为我喜欢在剪辑工作台上工作。不过 Avid 的好处是让影片更加紧凑，因此主要是删减，而非添加。戛纳电影节前两周，我还在删减看起来不必要的内容，因为我认为讲这个故事不需要一部很长的电影。显然，我这样工作会用很多胶片。但还有另外一个原因。我们从来不重拍，我灵活地运用摄影机捕捉真实的时刻，有点像拍摄纪录片。拍摄《春光乍泄》时，我们总是缺胶片，不得不寻求帮助。我从柯达要到了一种一般不用来拍虚构电影的胶片，是一种很老的型号，库存很少。快拍完的时候，胶片还没有到，我就让杜可风用他的照相机给场景一张一张拍照。我并不介意，因为到最后时间停止了，我们在电影中使用了静止的照片。不过我也决定缩短这个场景。如你所见，拍摄电影其实是百无禁忌的！

---

① Steenbeck 剪辑工作台是一套剪辑工具，只能用于剪辑模拟影像。用这个系统剪辑需要手动切割。

采访者：即兴创作在这部影片的拍摄过程中起到了重要的作用，张国荣和梁朝伟对此有什么贡献？

王家卫：我从不让演员演他们自己之外的角色。我从他们的个性中借鉴了很多东西。一开始，因为要寻找正确的方向，我们拍得很慢。他们逐渐找到自信之后，我就让他们即兴发挥，尤其是性爱镜头！梁朝伟和张国荣相互非常熟悉，其实他们认识很久了，因此看他们这样在镜头前即兴表演很有意思。梁朝伟会问我有关他和张震（另一个男人）的关系的问题。事实上，我先向他们介绍情况，开始拍之后他们就在镜头前即兴发挥。他们不能停，看他们在没有人喊"停"的情况下做动作，将场景演绎出来，真的很有意思。他们在等我喊"停"，与此同时不得不继续演！

采访者：你和梁朝伟合作了四部影片，和张国荣合作了三部。你承认在构建他们饰演的人物时借鉴了他们的个性。你如何定义他们的个性？

王家卫：在我看来，张国荣在影片中的行为和我在现实中认识的张国荣很像。因此,他演这个角色很轻松。另一方面,梁朝伟则截然不同。他不是很自信,不愿冒险在镜头前做疯狂的事情。他是一位很敏锐专注的演员。因此我想要让他改变——打破他的稳定——因为我想从他身上挖掘不同的味道。一开始,他以为我让他演张国荣的爱人是一个玩笑。第一天拍摄就要演性爱场面。他特别震惊,立刻就拒绝了,而且他无论如何都一定要穿内衣。此后三天,他一直处于震惊的状态中,总是一个人坐在角落发呆,什么话也不说。他不知道怎么向他母亲解释这一切。昨晚影片在(戛纳)影节宫的大影厅放映时,他非常紧张,因为这是他第一次看到最终的成片。他对这部影片一个月之后在香港公映充满恐惧。我跟他说会邀请他母亲,但他拒绝了。要么他一个人来,要么谁都不来!张国荣的反应截然不同。他对我说:“你要讲两个男人之间的爱情故事,我要看看你能做到什么程度。”从这个角度看,我觉得他给了梁朝伟很多帮助。他一直对梁朝伟说,这不过就是一部电影!张国荣会给人比较脆弱的印象,但他很坚定。歌星的地位和演员的职业对他来说一样重要，在他看来两者是一样的。

采访者：你是怎么会选择张震的？

王家卫：我看过他在杨德昌的《牯岭街少年杀人事件》（1991）中的表演，那时他还是小孩（童星）。去年，我在柏林电影节看了杨德昌的《麻将》（1996），意识到是同一个演员，他变化很大。我觉得他是个很棒的演员。在那之前，他只和杨德昌合作过，而杨德昌的手法和我截然不同。他们的关系类似师徒，杨德昌会花很多时间和他讨论人物并练习，这不是我做事的风格。一开始这让他很不舒服，尤其是我还让我的助理带张震去健身房上拳击课。我觉得他太脆弱、太温柔、太迟缓了，我希望他更活跃、更有力、身体动作更协调。我想直到电影拍完，他也没有完全理解，一开始他还以为自己要演动作片！

采访者：在《堕落天使》中，你深入实践了一种形式主义。《春光乍泄》不正是对人物更具一贯性的影片的一种回归吗？

王家卫:在我看来,对《堕落天使》的处理像漫画书,其中的四位主角都是单面的。唯一真正可以称为人物的,是其中一个年轻人(金城武饰演的哑巴)的父亲。影片以这种方式反映了漫画对香港影坛的巨大影响,引导观众对比真实的人物和漫画里的英雄。《春光乍泄》的体验当然完全不同。开始拍摄时,我告诉杜可风和张叔平,这是一部简单直接的电影,讲述说俚语的普通人的故事。他们为什么去布宜诺斯艾利斯是一个谜。我记得我的一个朋友,剧组的一员,比我们早一周到达布宜诺斯艾利斯。他告诉我,他想去加拿大大使馆试试能不能拿到护照,因为布宜诺斯艾利斯的名额比香港更有弹性,只要花几千美元。也许这就是张国荣和梁朝伟去阿根廷的原因之一!

采访者:你喜欢非现实的摄影技巧,比如加快帧速。

王家卫:这无疑是因为我感到不耐烦,想要尽快完成影片回香港!不过说真的,中国有句话叫"时间如流水",我认为确实如此。事实上,在这部影片和人生中,一切都没有前进。他们的生活有固定的模式,但外面的世界一直在变化。这是一种对比。

采访者：你一直想要这种彩色与黑白混合的效果吗？

王家卫：我喜欢这种质感。我想要把影片分成三个部分。从观众的角度，过去往往会和黑白联系在一起。第二部分是两个人再次决定住在一起。第三部分是张国荣离开梁朝伟后。那之后，故事变得更私密。他们不再见面；他们不再和他人说话，只对自己说话。我一直记得戈达尔的《小兵》（*Le petit soldat*）的第一句话："对我来说，行动的时间已经过去了。我已经老了。反思的时间已经开始了。"这可以说就是《春光乍泄》第三部分的情节。第一部分用黑白拍摄（其实是用彩色胶片拍摄，然后处理成黑白的）的另外一个原因是，阿根廷的夏天非常冷。黑白似乎能重现那种氛围。

采访者：很少有人（张叔平）同时担任一部影片的剪辑和布景师。

王家卫：只要觉得必要，他会毫不犹豫地删减掉画面，即便布景花费了很多精力和时间！事实上，张叔平对影片、他自己，以及我都非常严格。我们从我的第一部电影就开始合作了，他很懂我的作品。但这也是他的作品。我不会命令他，有时他的决定十分残忍。他的判断力很好，又非常了解我的节奏，因此剪出来的影片会非常接近我的想法和感受。在他身上，布景师和剪辑是一体的。他会进行戏剧方面的思考。我们不谈颜色和质感。他经常问我准备怎样开始一个片段，然后根据我的答案思考服装和布置。我认为他可以成为一位非常优秀的导演，因为他非常了解电影。

采访者：你认为你和合作伙伴多年来建立的团队特别吗？

王家卫：我时常把我们想成一个爵士乐团。杜可风和张叔平在香港非常抢手，但是我让他们走到了一起，我有点像团队的领袖。我提议我们一起"即兴演奏"，创作新的作品。我们三人会热烈地探讨电影。杜可风会问我计划用什么音乐，因为音乐会给他镜头移动及摄影风格方面的灵感。他并不喜欢探戈舞曲，但他也承认皮亚佐拉非常棒！

"Each Film Has Its Own Ounce of Luck" by Michel Ciment and Hubert Niogret from *Positif*, no. 442, pp. 8 – 14. Interview conducted in English.

王家卫访谈：《花样年华》

米歇尔·西门特和休伯特·尼格瑞特/2000 年

采访者：《2046》和《花样年华》的前期制作与拍摄似乎是同时进行的。

王家卫：我们想要去年（1999 年）8 月完成这部电影（《花样年华》），但进度显然落后了。因为亚洲经历了经济危机，《花样年华》的所有投资人都退出了。我们不得不暂停制作，寻找其他的投资人。那时我们已经开始制作《2046》了，所以两部电影的日程混在了一起，整个过程非常痛苦，就像同时爱两个人一样！为《2046》勘景时，我们会想这里可以拍《花样年华》，反之亦然。所以最终我们决定，这两部电影其实可以是一部电影。所以也许未来你看《花样年华》和《2046》时,会在《花样年华》中看到《2046》的元素,也会在《2046》中看到《花样年华》。

采访者:你为何将《花样年华》的故事设定在1962年和1966年?《阿飞正传》的故事也发生在那个时间段。你不认为《花样年华》是《阿飞正传》的续集?

王家卫:我很喜欢那个年代的香港,因为那是一个特别的时期。我们在影片中描绘的那些人——女房东和那些上海人的群体——其实非常特别。他们是1949年新中国成立后离开内地来到香港的。他们自己生活,和当地的广东人没有任何联系。他们有自己的语言,有自己的食物,甚至有自己的电影。香港有以这些人为主要受众的普通话电影,他们有自己的习惯。我就来自这样的背景,因此我将影片置于这样的环境中。我小的时候经常听到流言蜚语,也认识我们的邻居。我想在影片中重现香港的那个部分。我当时只有五岁,对那个年代只有大概的印象,所以影片中一些细节可能比现实美好。不过在记忆中,一切都是美好的。

采访者：张曼玉和梁朝伟的故事是《阿飞正传》的第二部分吗？

王家卫：多年来人们一直在问我："你会拍第二部分吗？"我心里想："如果我有机会拍这部电影，会是同样的故事吗？"我知道我已经改变了。我看待事物的方式也变了，所以我觉得最大的区别是，在这部影片中，我们描绘了两个已经结婚的人。不像《阿飞正传》，里面的人物是单身。

采访者：你的上一部电影《春光乍泄》中有一对同性情侣，有很露骨的性爱表达。《花样年华》中没有性爱场面。

王家卫：故事发生的时间不同，是60年代。我的尝试之一就是创造一种一切都被掩盖和隐藏的氛围。

采访者：《花样年华》讲述的是一对情人因为外界的压力，关系逐渐恶化的故事？干扰一直是无形的，一些挨不上边的因素引起的间接微小的压力。但结果就是如此：他们不再在一起了。

王家卫：这个故事的重点是：我并不是在讲一个外遇的故事。我尝试展现香港历史上一个特定时期内人们的态度——他们怎么看待这种事情。我觉得拍一个外遇的故事非常无聊，因为已经有很多讲外遇的故事了。外遇中没有胜利者，所以我尝试寻找另一个角度。电影讲述的是那个时代、那个时期，以及那时人们怎么对待外遇——保守秘密。秘密是这个故事的重点。

采访者：你选择不直接表现另一对情人（梁朝伟的妻子和张曼玉的丈夫），而通过梁朝伟和张曼玉暗示他们的关系。最终，两对情人是一样的。

王家卫：最开始，我不想拍张曼玉的丈夫和梁朝伟的妻子，因为那会很无聊。必须评价谁对谁错。这不是这个故事的重点。我更想让两位演员经历外遇的两面。我、张曼玉和梁朝伟为此有很激烈的争论：他们如何表现自己的另一半？他们以"外遇是如何开始的"这一问题为借口，想要假装自己是另一对情人。他们尝试扮演其他人。但我说我希望你们演自己，因为这会让影片更有层次，或许张曼玉有黑暗的一面，或者梁朝伟有黑暗的一面。他们需要一个借口释放它。所以他们不只是在表现另一对情人,他们是在展现自我。

采访者:你通过改变服装和配饰体现时间,尤其是张曼玉的服饰。你是怎么想到这么做的?

王家卫:我希望通过不变来体现变化。影片试图重复一切:音乐一直在重复,我们看到某些空间和物品的方式也在重复,比如办公室、时钟和走廊——总是一样的。我们尝试通过小物体现变化,如张曼玉的服装和男女主角的关系。不幸的是,非本地观众不了解关于食物的一些细节。因为在上海人社区中,特定的季节要吃特定的食物。因此食物在提示现在是5月、3月或6月。阿妈一直叫张曼玉留下来和他们一起吃饭。她在做加了某种蔬菜的馄饨。但我们没有(把这些细节)放在字幕里,因为那样内容就太多了。这些蔬菜只有6月和7月有,所以我们知道当时是1962年6月和7月。

采访者:你用一种拍摄手法表现一个场景中永远的变化。你剪掉了什么又添加了什么?

王家卫：开始这个项目时，我们称之为《一个关于食物的故事》，其中有三个故事。所以，我们在《花样年华》中看到的故事其实只有三十分钟。它只发生在餐厅里、面店里、买面之后假装外遇的楼梯上。开始拍摄这一部分之后，对这个故事的喜爱成了我继续这个项目的主要原因，所以我舍弃了另外两个没有拍的故事。我对这个故事进行了扩充。所以最困难的是：我们开始只想简单吃顿午餐，到后来却变成了一顿盛宴。我们从 1962 年开始，一直拍到 1972 年——十年。在 1972 年结束是因为 70 年代的香港看起来截然不同：人们的行为——他们穿的衣服、外表、吃东西的方式、生活方式——和 1962 年都有很大不同。最终我决定在 1966 年结束，不然影片就成了史诗，内容太多了，需要太多技巧。我们尝试拍摄了一两个 1972 年的场景。但我认为那一部分我们需要很多内容，所以在经济上和现实上都不可行。所以我们在 1966 年收尾，那是香港历史上一个很有意思的时刻，因为中国内地正在经历"文革"。香港地区也发生了暴乱，很多人离开了香港。这是之后的（第二波）移民潮的开始。

采访者:另外两个故事是什么?

王家卫:还有其他两个故事:一个是快餐厅老板和他的顾客的故事;一个是绑架犯和被绑架的人的故事。

采访者:影片结尾发生在吴哥窟的场景是一开始就有的,还是后来加的?

王家卫:我们在寻找影片结尾的外景地,因为我们认为最后一个场景要与之前发生的事情有一些距离。我们可以保持一定距离看待整件事情,增加一个层次。因为我们在曼谷拍摄,所以就在泰国寻找外景。我们想找一些寺庙。我们的制作经理说:"好吧,为什么不去吴哥窟拍呢? 我们在柬埔寨有关系很好的熟人。"我说:"那就去吧。"多年前我看过一部关于吴哥窟的纪录片,那个地方给我留下了很深的印象,就像一座嫉妒、激情和爱情的博物馆,所以我认为应该在那里结束影片。为此,我们必须找一个理由让梁朝伟去那里,去吴哥窟。我们看了很多新闻影像,当时的大事件是夏尔·戴高乐访问柬埔寨。所以我们加入了纪录片片段,我很喜欢,因为它不仅是展现时间，还有一种把人叫醒的效果。整个故事都像是虚构的，像一个梦，但某些元素是真实的、有事实依据的。

采访者：建筑和艺术不也像古老的纪念碑一样是情感的表达，表现了事物——如这不变的爱——的永恒？

王家卫：就像这些事物的遗迹。我们能够看到所有这些石头。我们能看到过去发生的、成千上万类似的故事，是它们构成了历史。

采访者：你提到的传说是什么？就是把秘密告诉石头的那个。

王家卫：是一本古老的书中的一个传说。我会同时在《2046》和《花样年华》中用到这个传说。我们尝试探索人们怎样用不同的方式保守秘密。

采访者：最后梁朝伟看着一个孩子，然后笑了。很神秘。那个场景是拍摄时加入的吗？

王家卫：是剧本里的。我想要一些不确定性。那可能是他的儿子……年龄符合；但那什么也证明不了。我们永远不知道真相。

采访者:《花样年华》和你所有的作品一样,在视觉方面非常出色。颜色、动作、配饰都很精致。你认为是现在的香港电影质量整体提高了,还是说你是一个特例?

王家卫:我认为亚洲电影的整体质量有了很大的提高,质量很接近西方电影。但我觉得现在没有像过去的电影大师——小津或黑泽明——那样的导演;他们创造了非常美、非常精确的细节。总体上说质量更好了,但是没有特别出众的(导演)。最近几年香港地区和亚洲有很多关于上海人的电影,但我们上海人不喜欢这些电影,因为我们认为它们不准确。准确地表现上海人,这是我的意图,我想向观众展示上海人群体的真实面貌。我非常了解这些细节,因此不需要做很多研究。

采访者:这部影片中的张曼玉与她在其他影片中饰演的人物,以及与她本人是不是有很大差异?

王家卫:选择张曼玉主演这部影片的原因之一是,她有某种特别符合那个年代的感觉、气质。她的长相、气质和动作：全都非常符合。影片的中文名是《花样年华》。一般形容处于最美好状态的女性。但我认为影片的中文名其实适用于那个时代，那是香港的"花样年华"。

采访者：这部影片有两位摄影师：拍了不到三分之一的杜可风和李屏宾。然而影片的风格是一致的。

王家卫：李屏宾是侯孝贤的摄影师。我们曾合作过《堕落天使》，因为杜可风当时不在。这一次，杜可风只完成了影片的一部分，这对我来说是全新的体验，因为以前我比较懒，取景和灯光都可以依靠杜可风。我知道他了解我想要什么，所以不用太在意这些。这一次由于是和李屏宾合作，影片和我以前的作品看起来很不一样。我要掌控一切，更多地参与取景和灯光。我更多地监控这个创作过程，最终影片的画面和内容也更契合。

采访者：你为何在曼谷拍摄？

王家卫：因为很难在香港找到像老香港的外景地。新加坡的部分我们也是在曼谷拍的，因为新加坡也有同样的问题。在曼谷拍摄《2046》时，我在唐人街转了一圈，然后想，"哇，我们应该在这里拍这部电影"，因为这就是香港（60年代）的样子。所有的外景都是在曼谷拍的。（张曼玉工作的）办公室是在曼谷拍的，（梁朝伟工作的）报社也是在曼谷拍的，因为曼谷还有老建筑。它们过去五十年完全没有改变。所有室内——发生在公寓中的——戏都是在香港拍的。

采访者：张曼玉和梁朝伟对你的拍摄方式有什么贡献？

王家卫：两位香港演员用一年时间拍一部电影，和我们一起做不同的尝试，这是很少见的。在我看来，张曼玉和梁朝伟面对的最大挑战是，我对他们说："这不是一部侧重语言的电影；你们不会用对话表现人物。你们必须用身体，用细小的动作，用你们的眼神来自我表达。"这对梁朝伟来说非常难，因为在我之前的作品中，梁朝伟是叙述者，有很多内心独白。他可以用语言表达自己的想法。但这一次他沉默了，没有任何内心独白，没有观点。他只能通过自己的身体去表达。我认为这是一个很大的挑战，而他们演得很好。

采访者:电影的配乐有美国艺术家(纳京高①)的作品,南美的音乐——会让人联想到阿根廷和《春光乍泄》,也有原创音乐。

王家卫:拉丁音乐指代的是那个时代,因为60年代拉美音乐在香港地区很流行。中国香港的大多数音乐人都来自菲律宾,因此深受西班牙或者说拉美音乐的影响。我小时候去餐厅吃饭,到处都是这种音乐。所以我在影片中保留了这种音乐。这不仅是餐厅的背景音乐,更是那个时代的背景音。还有一些原创音乐,创造并描绘了电影的节奏。比如,影片最后的音乐本身就是一首诗。尤其值得一提的是我们反复用的音乐——华尔兹。那不是原创音乐,是铃木清顺的《梦二》中的音乐。我认识作曲家。他给了我磁带,我开拍这部电影前听了那段音乐。那段音乐成了影片的参考,因为我知道这部电影就像华尔兹,是两个人一起慢舞。最后,我提出:"我可以在电影

①　纳京高(Nat King Cole, 1919—1965),美国钢琴演奏家、男中音歌手。——译注

中用这段音乐吗?"因为我们想要体现华尔兹的感觉,我认为这是影片的节奏。

采访者:纳京高代表的是南美的华丽?

王家卫:没有人知道纳京高的西班牙歌曲或拉美歌曲,我们也一直不知道(他的)有些热门歌曲来自拉丁美洲。大家只有美国版。

采访者:拍摄时,你会在片场播放音乐营造氛围吗?

王家卫:我脑子里已经有音乐了,但有时我会放音乐给演员和摄影师听,让他们感受节奏。比如推轨镜头,他们必须知道摄影机移动的速度,必须知道影片的节奏。

采访者:这部影片的场面调度比较平静,动作更少、更短。这算是一种改变吗?

王家卫:最大的挑战是,我们总是希望让观众成为某个(角色的)邻居,所以我们总是隔着东西看这两个人。这导致演员只能在有限的空间、特定的环境中移动,这是一个很大的挑战。因为悬念很重要,只能看到特写,只能看到一部分,这是我们从布列松那里学到的。取景框外有很大的想象空间。

采访者:影片中引用的文字是从哪里来的？为什么加入这些文字?

王家卫:文字来自香港作家刘以鬯的一部小说。我想将其加入影片,因为我认为这些文字描述了当时人的想法。那时香港的作家不会被视为严肃的作家。他们是1949年从内地来到香港的知识分子或记者,在香港找不到工作,只能靠为报纸写文章为生。他们写专栏,写美食、赛马、足球赛、保健建议等各式各样的东西。每天都必须写很多文章。刘以鬯当时很有名,他写了大量的文章。这部小说很好地记录了60年代香港的生活。

采访者:和一些来自远方、风格大相径庭的影片一样,你的电影可以被视为现代版的莱奥·麦卡雷①作品,

---

① 莱奥·麦卡雷(Leo McCarey,1896—1969),美国导演、编剧。——译注

如《爱情事件》(*Love Affair*)和《金玉盟》(*An Affair to Remember*)。你和秘密这个经典主题——在美国通俗片或弗朗索瓦·特吕弗(François Truffaut)的《柔肤》(*Le Peau Douce*)等新浪潮电影中——的关系是怎样的?

王家卫:麦卡雷的电影比我的浪漫。大团圆结局。拍摄影片的过程中,我们借鉴的东西很多。在曼谷街头拍摄时,街角有一个消防站。街道的样子让我想到意大利电影,让我想到米开朗基罗·安东尼奥尼。所以我们在像安东尼奥尼一样拍摄,就像在向他们所有人致敬一样。在(张曼玉工作的)办公室拍摄时,那里太小了,我们只能从一个角度拍摄,用了很多特写,让我想起了布列松的电影。

采访者:你和上海电影中相当重要的通俗片这个体裁的关系是怎样的?

王家卫:第二代(上海人)和本地人融合在了一起,不分上海人和广东人——所有人都是香港市民。但当时,1962年,我们能看出一个人是广东人还是上海人。我们有时候会相互憎恶,互不交流——上海母亲不愿意女儿和广东男孩谈恋爱。很严格。我们在这部影片中拍摄上海人群体的方式〔（饰演房东的）潘迪华就是上海人〕也不符合上海人的传统。就连现在的上海人都不了解或者不理解这个群体。就像俄国革命之后的俄罗斯人。一部分人在香港生活；一部分人在上海。他们是一个流落异乡的特殊群体。整个群体的感受像梦一样，已经失落，不复存在。

采访者：在影片中，你用了很多其他作品中比较少见的慢动作。这是否意味着节奏有问题？

王家卫：这部影片不依赖语言。一切都是通过身体表达的，通过演员——他们走路、说话和移动的方式，有一些我想用慢动作展现的细节。我认为大多数慢动作表现的不是动作，而是环境：报社办公室，以及张曼玉（在客厅）看其他人打麻将。一切都围绕某个空间、某种心情，我想用慢动作捕捉这一切。

采访者：你提到影片制作用了一年时间。是拍摄、暂停、剪辑、拍摄、混音、拍摄这样一个过程吗？

王家卫：我们自己制作电影，不得不自己承担风险，没有人站在我们身后说："好了，这部电影该收尾了。"这部电影我们可以一直做下去，这就是我们想在这里——在戛纳——放映影片的原因之一。我们必须想办法结束制作。我们需要一个截止日期，所以我说："好，我们去戛纳。"然后我们就知道必须结束所有的工作，是时候与这部影片告别了。

采访者：拍摄的素材和剪辑出的成片是什么样的关系？

王家卫：我们拍摄的胶片是（最终版本的）三十倍。我们有两小时以上的素材，最终只保留了九十二分钟。（完成拍摄后）我们一个场景一个场景剪辑，因为这是我们的工作方法。我到最后才构建好结构。这是一个过程，和建造房屋不同，是把我们不想要的东西删除，保留最重要的，以及在我们看来最准确的东西。我是按照时间顺序拍摄的。制作《花样年华》时，我和其他女演员——王菲、刘嘉玲——合作完成了《2046》近一半的拍摄。有时，我们会因为张曼玉要去巴黎（她和她的法国丈夫住在巴黎)而中断《花样年华》的拍摄。有时我会去曼谷与另一组演员一起拍摄。但我还没有开始剪辑《2046》。我们9月会在韩国继续拍摄,因为(韩国)釜山的政府部门想要资助新电影的制作。

采访者:《花样年华》有一位法国联合制片人,你们有过矛盾吗?

王家卫:没有。我喜欢天堂电影(Paradis Film)制作电影的方式。他们很了解我们的工作方式,从不干预。

"Interview with Wong Kar-wai: *In the Mood for Love*" by Michel Ciment and Hubert Niogret from *Positif*, no. 477, pp. 76–80. Interview conducted in English. [Editors' note: Wong's answers in English were transcribed from the interview included in *In the Mood for Love* DVD (Criterion edition). The questions were translated from French by Micky Lee.]

专访王家卫:音乐灵感

蓝祖蔚/2000 年

　　王家卫的电影像颗多面向的璀璨珍珠:有的人迷恋影像,有的人迷恋他的人生情爱和哲理,有的人则是陶醉于他的音乐和音响。

　　王家卫的《花样年华》在公元 2000 年的戛纳电影节中获得了最佳男演员奖和高等技术奖,肯定了演员的表演和摄影及美术的成就。但是《花样年华》的成就不止于此。王家卫的音乐理念构成了电影璀璨多姿的面貌。

　　以下的这篇访问是 2000 年王家卫来台宣传《花样年华》时所做的。今天下午我会就《2046》的音乐成就,再度和王家卫聊聊他的想法①,所以先把旧的访问纪要整理如下,大家或许可以窥见更多王家卫这个人的音乐品位与想法。

蓝祖蔚:很多人都知道陈勋奇是演员,是导演,却不知道他曾经是你《重庆森林》和《东邪西毒》等片的音乐指导。陈勋奇和你究竟有什么关系?

王家卫:在永佳电影公司的时候,他是我的老板,我是他旗下的编剧。其实,他是香港电影音乐的最佳见证人,因为他是香港音乐大师王福龄(创作过《不了情》等让人怀念的电影音乐)的徒弟。70年代所有的电影都是他配乐的,很有钱的,成龙还只是个武师,都跟着他。他买了很多车子,都是他借给成龙开的。

现在年轻人靠着计算机来剪辑音乐,不准的。以前基本上是在机器里剪接的,就是操作两盘机器,一部在推,到某个位置画面一停,另外一盘就倒带。那种准确度

---

① 见本书收录的《所有的记忆都是潮湿的:王家卫谈文学与美学(上、下)》。

比机器还要（高），现在技术已经没有了。

　　他是个很好的电影剪接师，做音乐也很有一套。常常是知道你要拍什么电影之后，他就去做他的音乐，不太和人沟通的。但是他很有 sense（判断力）的，做出来的音乐很合用。只是他安排的音乐顺序，理念和我未必一样，常常交到我手上后，我就会重新调换次序，所以每次都会吵架。

　　蓝祖蔚：既然常吵架，为什么还是找他做音乐？

　　王家卫：电影音乐是很特别的一项工程，做导演的人必须要有一个人非常准确地给我音乐，不要再去猜这是什么音乐、可以有什么效果。如果要我跟音乐人去沟通，找一个正式的音乐家去沟通，是非常困难的事，所以如果有现成的音乐合用，我就把它放在电影里面。

　　导演要跟作曲家去谈音乐是很困难的。因为你的感觉和他的不一样，语言沟通也不同。譬如说：什么是开心？什么是悲伤？每个人对文字的定义不一样。我相信我对音乐的认知基本上是比较强的，但是要用语言去沟通，基本上还是很困难。

另外,则是画面的因素。我发现很多作曲家的音乐往往跟电影是两回事,各说各话。有的作曲家的音乐作品听起来很棒,但是用成电影音乐就不对了,因为他少了视觉感觉,不知道画面和音乐配起来之后的化学效应是什么。

陈勋奇或许不是很杰出的作曲家,但是他绝对是个很好的电影作曲家,因为他知道音乐和电影的关系,知道画面该怎么和音乐做配合。

蓝祖蔚:你很爱听音乐,每天都听吗?

王家卫:不一定,我听音乐是因为我要拍电影。什么东西我都会听,但是我听音乐的标准是这个音乐会不会和画面配合,会不会激发你的视觉震撼。

有的音乐你乍听之下,一点都不稀奇,你不会太注意。但是我知道,如果这个音乐和某个画面配起来的话,它有个 chemistry(化学反应)在里面。

蓝祖蔚:可是那就是纯属个人的感性直觉,说不出什么道理的?

王家卫:对,那是没有公式可以依循的,反正你也讲不出什么理由，但是你就是知道这种感觉就对了。但是，我想你也可以运用音乐本身的"历史"来营造一些化学效应。例如在《重庆森林》里面，放一个70年代的爸爸妈妈乐队（The Mamas & the Papas）的歌——像是《加州梦》——在里面，电影明明是现代的故事，但是音乐进去之后，转而呈现一种70年代的气氛，电影音乐也是可以这样玩的。当然那首歌也另有意涵，王菲饰演的女主角一直想去加州，那是她的梦想，所以她在小吃店里一直放这首歌。一首音乐，多种含义，蛮好玩的。

蓝祖蔚：你听音乐有没有特殊的品位和爱好？

王家卫：没有，我是什么都听，像我最近听的就是一位被伊朗禁唱多年的女歌手的作品，以及韩国当红女歌手的音乐，没有什么道理，就是听了。我和一般人比较不一样的地方是我有个很大的数据库，每次听到有感觉的音乐，我就会浮现画面，知道该怎么来处理这些音乐，该用的时候就会出来。

蓝祖蔚：你平常花许多时间听音乐。在拍片之前，音乐往往就已经确定了吗？

　　王家卫：有时候。像《花样年华》中，戏里常出现的音乐，就是一开始就已经确定了。电影的声音处理有两个要素：第一个是要配合影片的 rhythm（节奏）；第二个是特殊年代的 time reference（时间参数）。

　　因为《花样年华》描写的是 60 年代的香港，所以在服装画面上都希望能够把整个时代走出来。我在上海出生，却是在香港长大。小时候印象最深刻的就是充斥在环境里的各种声音，那个时候还是所谓的 radio days（收音机年代）。

　　从小就听收音机，听的就像是电影中所呈现的那种风情：有平剧①、粤剧、黄梅调和时代曲②等③。所以我也花了很多力气找来老的配音员重新录音，重建那个时代的感觉。所以基本上电影中的音乐背景，就是重建当年的广播气氛。我拍《花样年华》不只是想"看见"那个年

---

①　即京剧。——译注

②　在香港，时代曲一般指 20 世纪五六十年代的普通话流行歌曲。

③　王家卫在片中所收录的旧式录音包括了京剧泰斗谭鑫培的《四郎探母》《桑园寄子》和周璇的《花样的年华》等老歌，甚至请客串演出的老牌歌手潘迪华重唱她的名曲《梭罗河畔》。——蓝祖蔚注

代，同时也想"听见"那个年代。

蓝祖蔚：听说潘迪华也是你的音乐顾问？

王家卫：应该说是我的启蒙老师之一。她是60年代的红歌星，我就是听她的歌长大的。《阿飞正传》能够请到她演出，就是最有意义的事了。电影中的《梭罗河畔》音乐，我本来想将她当年演唱的磁带与如今的嗓音重新混音融合，推出一个新旧混合的版本，可惜因为她的音域和音高变了，不太配得起来，只得作罢。而且，她对60年代的音乐非常了解，收藏也多。有问题，直接请教她就对了。

蓝祖蔚：除了音响重建之外，你还是找了作曲家来作曲？

王家卫：是的，像剧终前的吴哥窟音乐，就是找来曾和我在《重庆森林》中合作的迈克尔·加拉索（Michael Galasso）负责。《重庆森林》的开场音乐就是他写的。

我先确定了要用日本作曲家梅林茂1991年替铃木清顺导演执导、泽田研二演出的《梦二》所创作的电影音乐《梦二主题》（"Yumeji's Theme"）之后，我就告诉迈克尔·加拉索说,戏到最后的时候,应该再出现一段类似这样的音乐,像是整部电影的印记,也像是个终结的结语,他就把它完成了。

蓝祖蔚:你和迈克尔·加拉索是怎么合作的?

王家卫:我先给他听梅林茂的《梦二》主题音乐。我告诉他,电影里面会出现很多次这样的音乐。我希望他给我的音乐可以是类似这个主题的一个变奏,也可以有另外的想法。回去之后两个星期,他就把音乐母带做好了。因为我们那个时候要去戛纳,很赶的。他作了很多段,都很好,我只用了一段,其他的我就全都放在原声带①里面了。

———————————

① 迈克尔·加拉索在《花样年华》的电影原声带扉页上这样写着:"我和王家卫是在 1995 年的纽约亚洲电影节上认识的。他以前已经先听过我的一张《美洲乌托邦》(*Utopia Americana*)CD,然后呢,他就在电影《重庆森林》中用了其中的一首《巴洛克》('Baroque')。看到他在电影中配合音乐与画面动作的剪辑手法,让我想起了大导演库布里克(Stanley Kubrick)的音乐处理手法。

　"1997 年 10 月,我们又在纽约电影节《春光乍泄》的首映会上相聚。当时我应邀替意大利电影 *Fabrica* 做音乐指导,四处寻找世界各地的年轻音乐家,我就请王家卫帮我找一些中国传统音乐的带子。

蓝祖蔚:你和梅林茂的合作关系呢?

王家卫:梅林茂是我的老朋友了。因为他也替许多的香港电影做过音乐,常给我听他过去的作品,像森田芳光和松田优作的《其后》也是他的作品。我听过《梦二》的主题音乐之后,我就觉得它和《花样年华》的节奏韵律很对。我就告诉他说我会用这段音乐。

因为这段音乐是华尔兹的旋律,华尔兹"蹦恰恰"三

1999年12月,王家卫联络上我,要我替还没定名为《花样年华》的电影谱曲。第二年3月,我拿到电影初剪版本的影带,我发觉那和王家卫过去的作品很不一样:60年代的香港,怀旧中有点淡淡哀愁,步调很悠闲,片中男女不是在吃饭就是在打麻将,没有暴力,而是一种向往,一种怀思。

"在作曲之前,我到曼谷和导演相会,也看了新修正的电影版本,认识了演员,看到他们实际拍摄的过程,也更贴近地看到拍片场景。王家卫很清楚地告诉了我他对音乐的音响、节奏与情感的要求,于是我就建议他用最适合表达强烈情感的大提琴。回到我定居的威尼斯之后,我试录了几个不同版本的吴哥窟主题音乐,也写了一些不同感情的其他主题作品给他,主要的特色是以大提琴的拨弦手法,搭配小提琴、电吉他组成,每种乐器先是单独演奏一段主题,然后小提琴和大提琴的音乐再融合进来。王家卫听完我的音乐带之后,只略微调整了一小段旋律,同时要求加进一点鼓声。我照他的要求做了调整,同时加进了类似心跳声的低音鼓声,就这样完成了《花样年华》的电影音乐。"

步旋律,需要男女互动,永远是个 rondo(回旋曲),是个周而复始的回旋曲,就像电影中梁朝伟和张曼玉之间的互动关系。

蓝祖蔚:可是主题旋律反反复复在电影中出现,比例超高的,为什么?

王家卫:不只是音乐如此,我在《花样年华》中很多画面也都一再重复,这是我特意想要追求的一个效果。例如剧中人都有一个固定的生活形式,呈现一定的规律情貌。但是我们可以透过看似重复的规律动作,细细比较观察出其中有过的细微变化,这种变化就是人生幽微的真相。

所以在同一段音乐、同一个场景中,我们就可以看出这男女主角的心态和心境,经过时间流年的激荡和筛汰,有一些不一样,同中有异。这种细微的雕琢,就是电影的情境和趣味了。

蓝祖蔚:电影中用了三首纳京高的音乐,为什么?

王家卫:我的母亲很喜欢纳京高的音乐。基本上,纳京高的音乐就是 60 年代的音乐。很多人会问，为什么我选的都是纳京高的西班牙歌曲，而不是他的英文歌曲。主要是中国香港 60 年代的乐师们百分之九十都是菲律宾乐师，他们深受西班牙文化影响，所以我就选用了纳京高的西班牙歌曲来衬显那个年代。

我认为每个时代都有每个时代的声音。准确一点来说，猫王埃尔维斯·普雷斯利就是 60 年代初的代表声音。对我而言，纳京高也同样是 50 年代末 60 年代初的声音。就像人们只要一提到 60 年代末的声音，就会想到甲壳虫乐队，它的音乐一来，就会让人想起那个日子。纳京高的音乐也一样有那个效果。

蓝祖蔚：吴哥窟的戏在《花样年华》中出现得有点突然，没有任何的铺排与伏笔？

王家卫：本来是有的，可是最后我想不需要了，就让观众去想好了。因为梁朝伟演的那个角色后来去南洋做了记者，采访了越战，也跟着外国记者去柬埔寨访问，所以他也留下来，到吴哥窟去旅游了。需要的画面都拍了一些，可是后来我认为不需要了，就都剪掉了。时间的纪元和电影中的剧情大约隔了四年。

　　吴哥窟对我而言就是个 timeless（永恒）的东西。理解这部电影可以分三个层次。第一个层次就是一个 fictional（虚构）的剧情，男女主角的关系就是以这两个人为中心的情爱小事。但是在同样的时间里，我们也看到现实发生的东西，就像个纪录片。电影中，我们把虚构的戏剧和真实的纪录片放在一起。最后就是一个永恒的时空感觉。对历经沧桑的吴哥窟而言，在它眼前晃动出现的一个游客，对它而言可能只是瞬间的一秒，或者只是悠悠时空中的一个章节，事实上它有无数这样的章节。

　　蓝祖蔚：吴哥窟的场景和音乐似乎是在替电影下一个结论？

　　王家卫：没错的，它就是个结论。不管什么时代，不管什么地方，吴哥窟就像是一个比较 absolute（绝对）的东西。我想每个人的心中都有一个吴哥窟，一个永恒的圣地。繁华过后，或者颠沛流离之后，你回到自己的"绝对圣地"，都会是一种清洗、告解或者安慰吧。

　　"Muse of Music：Interview with Wong Kar-wai" by

Tony Lan Tsu-wei from *Blue Dreams of Film* (http://4bluestones.biz/mtblog/). October 2, 2004. Interview conducted in Mandarin in 2000.

《2046》

马克·索尔兹伯里/2004 年

　　《2046》与《花样年华》一同拍摄,遭遇了非典疫情①。《2046》聚集了亚洲影坛五位顶级女星。王家卫透露为何他的这部新作品表现的是遗憾。

　　著名香港编剧兼导演王家卫的上一部电影是极致浪漫、感性异常的《花样年华》。影片的故事发生在 1962 年的香港,片中梁朝伟和张曼玉饰演邻居,两人的另一半在偷情,而他们也爱上了彼此,却一直没有更进一步。影片

---

① 2003 年初,严重急性呼吸综合征(SARS)疫情在香港地区爆发。短短几个月内,就有近三百人死亡的报道。疫情造成了严重的社会和经济动荡,包括针对香港的国际投资减少,导致就业岗位减少。

充满苦涩的克制、压抑的情感,摄影考究,表演精彩,证明了王家卫在艺术电影领域的崇高地位。他的最新作品《2046》已经制作了近五年。《2046》可以算《花样年华》的续集,讲述了一位花花公子作家(依然由梁朝伟饰演)与四个女人(包括巩俐和出演《卧虎藏龙》的章子怡)的关系,故事发生在他与张曼玉(在《2046》中短暂露面)的关系结束几年之后。情爱故事之外,影片还讲述了梁朝伟饰演的角色创作的故事,那是一部科幻小说,其中有一班火车开往未来一个叫2046的地方,在那里人们可以找回失落的回忆,但从没有人从那里回来。神秘的片名是梁朝伟住的酒店房间隔壁的房号,也恰好是香港回归祖国五十周年。王家卫用这部作品探讨了爱、回忆、遗憾,以及往事之不可追。

马克·索尔兹伯里(以下简称索尔兹伯里):《2046》的制作早于《花样年华》。为何用了这么久才完成?

王家卫:最初产生这个想法是在1997年香港回归的时候。2046年是香港回归五十周年,我觉得用这个数字拍一部电影会很有意思。一开始我们想拍摄一部类似歌剧的电影,讲三个根据西方歌剧改编的小故事。1999年底,资金和制作才全部到位。我们同时还在拍《花样年华》,因此一开始是两个分开的项目。《花样年华》是一个很简单的故事,我们以为只要两个月,或许三个月(就可以完成),然后我们就可以继续拍摄《2046》。但不知为何,《花样年华》花的时间比我们预想的要多得多,所以我们只能推迟《2046》的拍摄。因为演员非常忙,所以我们必须重新协调档期,但我们还遇到了其他问题。一开始我们想在上海拍摄,但必须等许可。拿到许可、完成搭景、演员到位之后,又遇到了非典疫情。

索尔兹伯里:两部影片是怎么联系在一起的?

王家卫:是因为房号。在曼谷拍摄《花样年华》时,一天我在酒店房间——梁朝伟和张曼玉待的房间——拍戏,意识到房号是3开头的。我说为什么不把房号改成2046。一开始这就像一个玩笑,但我内心认为两部电影是有联系的。此后,《2046》的结构开始变化和发展。所以现在两个故事有了共同点,梁朝伟饰演的人物成了连接两部电影的纽带。最初,《2046》里是没有作家这个角色的,原本的角色是个邮递员。

索尔兹伯里:《花样年华》是一部关于克制与压抑的影片,而《2046》则恰恰相反,更加性感和热烈。

王家卫:在我看来,《花样年华》是一个爱情故事,梁朝伟饰演的男主人公,影片中的作家,是一个顾家的男人。他相信承诺,相信婚姻。他努力工作,常常在家。后来,他和张曼玉一起经历了很多,在新加坡度过了一段艰难时光。他回到香港后走向了另一个极端。他单身,不相信承诺,变成了一个愤世嫉俗的人,和找一个地方安顿下来相比,他更愿意住在酒店房间里。《花样年华》讲述的是两个人之间的关系。尽管看不到他们的身体接触,但我们能够感受到爱在萌芽生长。但《2046》的故事则主要是围绕爱情对他来说意味着什么这一点展开的。在这部影片中,张曼玉不是一个人。她是一个形象,是他记忆中完美的女人。因此,他总是用这个女人和他生命中遇到的其他女人比较。他试图重新找回那种感觉,但最终他意识到那不是他想要的。某种意义上,两部电影是彼此的镜像。如果观众还没有看过《花样年华》,他们应该先看《2046》。如果他们想知道张曼玉和梁朝伟之间发生了什么,就要看《花样年华》——就像小说中缺失的章节一样。

索尔兹伯里:60年代的香港显然让你着迷。那是你成长的岁月,在《2046》《花样年华》和《阿飞正传》中都出现了。你为何对那个时期如此迷恋?

王家卫:我认为我们之所以想在2000年拍摄《花样年华》,是因为我们意识到香港在经历很大的变化。香港是一座行动很快、变化很快的城市,就连其本身的历史也是如此,所以我们希望在电影中展现一些地点,以及那时人们的举止和生活方式。我们在影片中,在胶片上,重现了这一切,它们就不会改变。我们只是想要保存那一段历史。

索尔兹伯里:《2046》是你和章子怡的第一次合作。你为什么选择她?她为影片贡献了什么?

王家卫:我认识章子怡的时候,她还没有拍《卧虎藏龙》。我还记得她在张艺谋影片(《我的父亲母亲》,1999)中的表现。她很年轻,但很强势、很敏感。因此我认为她适合这部电影。其实,《2046》中的角色对她来说特别难,因为她对那时的香港舞女一无所知,我不得不给她很多参考资料。我给她看了一些那个年代邵氏兄弟①拍摄的关于这些女性的电影,至少让她大概了解她们的行为举止。我请美术指导张叔平把她所有的戏服都给她,这样她可以自己穿上练习,那种服装会束缚身体,会让人自然地表现出某种举止。

索尔兹伯里:梁朝伟是不是更享受饰演这个角色?他在《花样年华》中的角色话很少,情感上很内敛。《2046》中的人物相较而言则更擅长表达。

王家卫:我认为对他来说挑战更大,因为他从一个极端走到另一个极端。一开始,他几乎是一个非常黑暗的人物。在和章子怡交往的部分,他是一个花花公子。他总是问我:"我是同一个人吗?"我说:"为什么不是?"对他来说很难,他必须和亚洲五位顶级的女演员合作。每一

---

① 邵氏兄弟影业是50年代到80年代香港的重要电影制作公司之一。其制作的影片体裁多样,包括武侠片、爱情片和音乐片。

位都很迷人,演得也都很好。他得在几个月内经历三四段非常激烈的关系,因此很难。

索尔兹伯里:关于你和妮可·基德曼(Nicole Kidman)合作的《上海来的女人》①,有什么可以分享的吗?

王家卫:我们正在写剧本。我们有一些想法。我一般会围绕一个人物构建故事。我觉得让妮可·基德曼饰演一个自称来自上海的女人很有意思。非常神秘。这会是我的下一部电影,然后是《一代宗师》,因为梁朝伟需要一点时间练习武术。

"*2046*" by Mark Salisbury from *London Net*. http://www.londonnet.co.uk/ln/out/ent/cinema_ wongkarwai.html. Interview conducted in English.

---

① 2008 年以来,没有任何关于这部影片进展的消息。可以认为这部影片已被放弃。

所有的记忆都是潮湿的：

王家卫谈文学与美学（上、下）

蓝祖蔚/2004 年

上

　　原刊编辑按：一部迷魅的电影，是多种艺术领域的相

互媒合与映衬；一种风格的成形，是创作者的本事。今日

刊出由影评人蓝祖蔚对香港导演王家卫所进行的深度专

访，自其新作《2046》叙起，涉及电影中文学意象的援引、

视觉空间感的建构、时空背景，以及音乐氛围的铺展等面

向。借由创作者与观看者、访者与谈者间的擦撞对话，

（他们）互相激发出更溢于电影文本的美学境地。（该访

谈）一窥导演风格既浓烈又恍惚、既复古写实又虚构想象

的意念经营。

蓝祖蔚按：王家卫是浪漫电影的首席写手，也是很多情的商场营销人。他的电影作品经常以最独特的形影来营销一位明星、一座城市，例如《重庆森林》里的香港兰桂坊和尖沙咀，例如《春光乍泄》里的台北辽宁街夜市和木栅线捷运……①

王家卫的电影强调氛围，大量使用了极度艳丽，又富生命哲思的情人呓语来打造意境。在 2000 年《花样年华》中，他除了以老歌、旗袍、旧公寓和阴暗巷弄重建了香港 60 年代的风情外，更采用了香港 60 年代作家刘以鬯的小说《对倒》②为蓝本，透过一男一女在香港街头闲逛

---

① 《重庆森林》中，王菲工作的快餐店在兰桂坊附近；林青霞饰演的金发女子在位于尖沙咀的重庆大厦附近徘徊。在《春光乍泄》中，梁朝伟饰演的角色去了台北夜市。木栅线（现在是文湖线的一部分）是台北捷运的第一条线路，1996 年开通。列车在地面上从东向南穿过台北。辽宁街夜市在该线路一个车站附近。

② 《对倒》是刘以鬯的一部小说。标题来自集邮术语 tête-bêche，指两张连在一起、图案一正一反的邮票。《对倒》英文版发表于香港中文大学出版的期刊《译丛》（*Renditions*，Nos. 29 & 30，1988）。可通过以下网址浏览：http://www.cuhk.edu.hk/rct/toc/toc_b2930.html。

时，各自对周遭事物的不同思索与反应，映照时间和空间的交错对位，打造了浮世男人的情欲脸谱。

文中的那几句仿佛就已经点明了《花样年华》的电影精髓：

那些消逝了的岁月，

仿佛隔着一块积着灰尘的玻璃，

看得到，抓不着。

他一直在怀念着过去的一切。

如果他能冲破那块积着灰尘的玻璃，

他会走回早已消逝的岁月。

"让世人重新认识，知道香港曾经有过刘以鬯这样的作家，是最让我开心的事。"

王家卫透露四年前《花样年华》上映后，香港有人举办了刘以鬯作品讨论会，重新讨论了刘以鬯作品的文学和时代意义，原本只是收录在《刘以鬯卷》中的《对倒》一文，也因而能够单独成册刊印。"更难得的是，有位法国出版商因为看了《花样年华》，知道了刘以鬯这位作家，还特地把他的作品翻成法文,出版了法文版的《刘以鬯作品集》,让老先生好开心!"王家卫的墨镜后面也闪动着愉悦的星芒。

2004 年 10 月,王家卫的《2046》映演了,电影的结尾照样打出了字幕向刘以鬯致敬。明眼人一看就知道,从第一个字幕卡"所有的记忆都是潮湿的"开始,电影中的字幕卡都是取材自刘以鬯的另一本小说《酒徒》。王家卫为什么这么迷恋刘以鬯?刘以鬯的文字到底有什么魅力,能结合王家卫的影像构成另一款新的艺术生命呢?

日前,王家卫访台,我们从刘以鬯谈起,逐步揭露这位浪漫先锋的创作面纱。

蓝祖蔚:你在《花样年华》中参考了香港小说家刘以鬯的《对倒》,你也公开向他致敬。但在《2046》中明显则是参考了刘以鬯的《酒徒》。在电影中可以看到你企图和他对话的精神,为什么?

王家卫:梁朝伟在《花样年华》和《2046》中饰演的周慕云原型就来自刘以鬯。

他在 50 年代从上海来到香港。不管你过去名气多响亮，生活还是要继续，谋生还是必要的。文人要怎么谋生？答案很简单，他只能靠一支笔来吃饭，什么题材都要写，而且是从早写到晚，不停地爬格子，才能勉强维持生活花费。我刚认识他的时候，就看到他每天都要辛苦写作，从早上起床就开始写作，一直写到晚上八九点，得空时能和太太看场戏、散散步就是最大的娱乐了。

电影中的周慕云就是 60 年代的作家。（我）在刘以鬯的书里面找到非常多当年作家角色的生活细节。《花样年华》我用了他的《对倒》中的文句做字幕。在《2046》中，诸如"所有的记忆都是潮湿的"三段字幕则是取材自他的《酒徒》。主要目的就是要向香港那个年代的知识分子或作家致敬。如今回顾 60 年代的香港文学，作家们每天都要大量地写作，为了生活，没有什么崇高、伟大的理想与口号，黄色、武侠类型都写，每天在良知与稻粱间拔河，那都是谋生的无奈。但是也有人坚持——除了谋生写杂文之外——写些能对自己交代的作品，刘以鬯就是其中的代表人物。

蓝祖蔚：既然这么喜欢刘以鬯的小说，何不直接改编成电影，何需另行创作？

王家卫：我一直想把《酒徒》搬上银幕，但是他已经把电影版权卖给别人了，不能直接改编。所以我就摘录一点点对话，希望透过电影能让各地的年轻人知道刘以鬯这个人，再认识他的作品。

刘以鬯的文字充满了意象，阅读他的文字其实就有一长串影像浮现出来，充满了想象力。他们那个年代的作家真的很辛苦，每天都是很低调，默默地写，一写就是好几百万字。最近刘以鬯一直想要重新整理过去的作品，不过我劝他不要再整理旧文章了。它们都是在那样的时空条件下完成的，当时根本没有想到以后是不是要传世。不管动机是什么，能让人从字里行间看到文人的无奈和才情，保留那些作品的原貌才是最真实的。

蓝祖蔚：你的电影特别钟情 60 年代，是不是因为你是 60 年代才移居香港，那段崭新的生活经验带给你很难忘的回忆？

王家卫：是的，我们家初搬到香港时，也只能租房子过日子。《花样年华》那种狭小空间里，来自大江南北的各色人物比邻而居的印象，就是我的亲身经验。

我一直记得很清楚，当时隔壁房间就是一位作家，每天都喝酒喝得醉醺醺的。你很难想象这些文人的苦闷。我后来才知道，其实他在上海时是一位很有名的记者。到了香港，他们基本上都有种落难的感觉，生活空间极度压缩，只能困在又破又旧的小房间里混日子。而且为了谋生，什么都要写，因为除了写作，别无其他谋生本事。为了生活就得出卖自己，迎合市场，什么风花雪月的文章都要写，那种心情是极度苦闷的。

蓝祖蔚：你在《花样年华》中掌握了狭小空间的人情互动关系，但是《2046》的空间处理起了大变化。电影成了宽银幕，空间明显加大了不少。不论是天台的招牌、公用电话的柜台、2046列车的长廊，还是倾吐私密的场域，所有的人物都被横亘前方的壁墙前景给压挤到边边角角。电影空间明明变大了，压迫感却增强了。你的美学考虑是什么？

王家卫：我们可以用很拥挤的空间表现狭窄的感觉，也可以用宽的空间去讲很窄的感觉。用极宽的空间对照拥挤的人，你可以更强烈地感受到那种空间带来的压迫感，这时候人和人之间的疏离，以及个人的寂寞和感觉会更鲜明。

我其实每次拍片都想做一件事，幻想着：电影里的主角能不能不再是人物，而是空间呢？

如果我们能把空间转换成一个人物，把银幕上的天台想象成一个人，他就是个 witness（见证者），可以见证在天台上发生的大小事，就像是装上一台摄影机在天台上，它可以见证人生、记录人生。

《2046》中我也做了新的视觉效果尝试。以前的电影都采用 1.66 的标准镜头，因为香港的空间这么窄小，所有的线条都是直的，标准银幕的镜头最适合表现这样的感觉。这次则想做 cinemascope（星涅马斯科）①的宽银幕，画面变成横的，所有的画面空间突然就加大了出来。但是实际的空间还是一样窄。这样的技术要求在视觉表现上非常突出，但是对摄影和收音是高难度的考验，因为大家都没地方躲，很容易就会穿帮。所以这次的摄影镜

----

① 星涅马斯科普宽银幕技术用于拍摄宽高比 2.66 的电影。

位都很固定，不太做摄影机的运动。

蓝祖蔚：你以前的男女情爱都是蜗居在小房间里的爱欲故事，《2046》却带领大家上了天台。从封闭的空间走上了开放的风景，天台的空间从取景到表现，都让人仿佛看到了一个视觉新世界。你的构想是什么？

王家卫：我没有想得那么清楚，是很自然的反应，拍戏的现场原来是一个监狱……至今都还保留着。拍片时，我把这个监狱场景改装成一个酒店。

对我而言，天台是个非常古典的地方。年轻时候的我们经常上天台去玩，在天台上谈一些事情，或者去逃避。但是现在，天台的空间和概念好像都已经消失了。

《花样年华》中的梁朝伟有个家，一切的活动都在家的范畴里进行。《2046》时，他的活动中心是间旅馆。旅馆是公众的场所，个人的私密空间很难找得到。于是天台就成了最好的安排，天台就成了他们的私人 space（场域）。

蓝祖蔚：提到天台的空间运用，就让人想起每次遇上天台场景时,你一定会用上意大利知名歌剧作曲家贝里尼(Vincenzo Bellini)的代表作《诺尔玛》(*Norma*)中的咏叹调《圣洁的女神》("Casta Diva"),从前奏的乐声到女高音的咏叹歌声,形成了绝妙的搭配。专攻电影研究的人都会从你的这段影音处理上发觉,你是用音乐来传达剧中人物的情绪,成就一次虚拟世界和戏剧感情上的准确对位,也更加丰富了电影的想象效果。你是先从音乐概念出发,还是事后才配上音乐的呢?

王家卫:《2046》原来的故事其实没有后来完成的电影那么复杂。我只是想用"2046"这个号码来讲三段故事,各用一段歌剧音乐作为主题,分别是《诺尔玛》《托斯卡》(*Tosca*)和《蝴蝶夫人》。

西方的歌剧一定都有主题,不断地来回出现。贝里尼这出歌剧《诺尔玛》所讲的无非就是"承诺"和"背叛",和我们最初设定的"承诺"是非常近似的。[1] 但是随着电

---

① 诺尔玛是高卢的女祭司,理应代表人民抵抗罗马总督,但她爱上了罗马总督,还怀了他的孩子,她背叛了对高卢人民的"承诺"。可是罗马总督另外又爱上了她手下的助理祭司,她面对的是情人的"背叛"。——蓝祖蔚注

影的成长与发展,最后只剩下《诺尔玛》,原因就是这段歌剧的故事与王菲的情节有点像。

其实一切是先有了音乐,才有了天台。有了天台,才有了王菲在里面。

我会用《诺尔玛》中的《圣洁的女神》,原因可以很单纯地归纳为两大类:天台看来就像舞台,《2046》中的每位人物的故事应该就像一出在舞台上演的舞台剧一样;第二个原因是,《诺尔玛》一开场,就是这位女祭司站在天台上向月亮诉说心事,为她的子民和情人祈祷。我既然认为天台是主角的私密空间,这个天台最后就变成每位女演员各自的心情写照。剧中有三位女主角因此都上了天台,其中,王菲是很抒情的,章子怡是前途茫茫,董洁则是开朗的天空,往外走去,充满期待的。

蓝祖蔚:电影里有许多的数字密码,有人就认为《2046》其实是部政治电影。因为"2046"这个数字对多数人意义不大,对香港人而言却预告着1997年到2046年(五十年间香港的社会政治)。从这点来解读,算不算是你隐藏在电影中的政治密码? 除了情人的呓语外,可不可以解读成一部反省政治的电影？

王家卫：我不否认《2046》的灵感来自政治语言，但是我把它放到另外一个格局来看，不只是政治，而是爱情。

我为什么会在 1996 年时远走阿根廷去拍《春光乍泄》？我不否认在那个年代对于回归、对于未来都会有出走的想法，但是我认为政治对人生的影响是很深远的，真正的影响不是今天，不是一时半刻就可以看到，总要隔了一些时日之后才会明朗澄透。当然，大家都很关心香港回归的议题，大家都变得很敏感，都在强调要维持香港、维持不变。问题是这是不可能的，因为如果世界在变，而你却不变，你就落后了，你必须要跟着变。

当初，我为什么要挑"2046"这个号码呢？因为大家都说 2046 年前不变是很重要、很严肃的政治议题。问题是，第一，变或不变这个问题不是我们可以决定操纵的；第二，我们根本看不出改变的会是什么。所以我就用这个数字来讲一个爱情故事，对每一个人而言，什么叫不变呢？我们如果很爱一样东西，当然希望它不变；或是已经失去了某样东西，我们更会希望说它如果永远不变会有多好呢！

所以我就创造了一个地方叫作"2046"，在那里什么东西都不变。因为在爱情故事里，大家最敏感也最在乎的事情就是：你会不会变？我们对爱人的承诺，不也一再保证着自己绝对不变？但是你真的不会变吗？电影从情人的变与不变出发，不也很有趣吗？

下

蓝祖蔚：你的每一部电影中都使用了大量的爱情呓语，打造出很富哲思的"王记"韵味，为什么？

王家卫：爱情故事，是电影最表面的层次。大家都可以非常容易地接收到相关的讯息来理解它，但是它不只适用男女情爱，也可以是人与人之间的感情。

观众来看我的电影时，通常不会拿我和其他人的电影相比，而是拿我过去的作品来做比较，有时候认为上一部电影比较好看，有时候则是这一部比较好看。这种情境和周慕云的处境是一样的。在他的印象和回忆里面，以前的爱情有很多的美好回忆。一旦现在的爱情成了过去时，他又会添加进很多主观的意见，感叹过去的种种。

每位导演对自己过去的电影也是念念不忘，他要如何面对自己现在的处境呢？

蓝祖蔚：你对自己过去的电影和音乐，似乎也是念念不忘。《2046》中的音乐手法明显是反复又反复，每一小段的音乐刚冒出头时，有点像美丽的渗透，又有点像诱惑，只让你浅尝即止。等到乐音再三出现时，观众开始熟悉、适应，自然就欣然接受你音乐美学的洗脑了。你的用意是这样的吗？

王家卫：我其实很像个DJ，别人是音乐DJ，我却是电影DJ，但是目的都一样。只要是我喜欢的音乐，我就会千方百计要让它一再地在电影中出现。别人或许会觉得重复，我却不觉得重复有什么关系。我当然自觉到自己有时候会把音乐处理得太饱满，这是一个很危险的倾向，我会努力去避免。

《2046》原来戛纳版本的音乐处理，因为全片的剪接是从中间做起，很难对音乐的长度做出正确判断，所以有些旋律和节奏就变得太饱满了，我非常不满意。所以最后重剪，要重新混音时，我就坚持声音部分要从头做起。

在我过去的八部电影中，《2046》的声音和音乐难度最高，
我花了最大力气来做它。

我以前的音乐处理是有一些基本规律的。例如《阿
飞正传》时，音乐就很少，在很重要的时候音乐才会出来，
平常都是空白；但是《重庆森林》百分之七十都是音乐，在
最重要时刻，反而没有了音乐；在《花样年华》时，则是将
梅林茂、纳京高（和加拉索）的主题音乐来做调配。到了
《2046》时，我想就把这些规律都抛开了吧。有些音乐表
面上是专属于某位角色的，但是又可以在别的角色身上
得到印证。例如配合刘嘉玲出场时，我用了《背叛》（Per-
fidia）的音乐，因为它原本就是《阿飞正传》里使用过的
音乐。但是这个音乐我让它一路带到王菲的出场，为什
么呢？因为这两个角色基本上是同一系统的女人，她们
对于爱情的信念都是非常坚持，不轻易放弃，所以我用音
乐来串联她们。

蓝祖蔚：你拍《花样年华》不只是要求"看见"那个年
代，同时也想"听见"那个年代，既要表现特殊年代的时间
参数，也要配合影片的节奏。这个理念似乎也更进一步

贯彻在《2046》中,诸如纳京高的《圣诞歌》("The Christmas Song")和康妮·弗朗西斯(Connie Francis)的《西邦妮》("Siboney")既有60年代的时代氛围,又能贴合人物情绪。不过,《花样年华》采用了日本作曲家梅林茂过去替铃木清顺导演的《梦二》所创作的主题音乐,在《2046》中却更进一步将特吕弗、法斯宾德①和基耶斯洛夫斯基的电影音乐一并用了进来,为什么?

王家卫:我很喜欢看电影,对电影音乐也很感兴趣。特吕弗、法斯宾德和基耶斯洛夫斯基的电影都曾经让我深受感动。在《2046》中采用他们的音乐,一方面是觉得这些音乐适用在我的电影中,我用这种方式来向前辈大师致敬。但是更重要的是,他们都是爱情电影的高手,每个人都以新颖的角度来诠释人间情爱。重新采用他们的音乐是不是能使我的电影产生更多的化学效应呢?我期待着。

---

① 赖纳·维尔纳·法斯宾德(Rainer Werner Fassbinder, 1945—1982),德国导演、编剧、演员,代表作有《爱比死更冷》等。——译注

蓝祖蔚:《花样年华》中强调的是以梅林茂的华尔兹与探戈旋律来象征男女情爱世界的互动与权力拔河。梅林茂这次为你另行创作《2046》主题旋律时,你提出了什么新要求,让音乐与《花样年华》有更明显的区分?

王家卫:我会再找梅林茂来作曲,主要是因为男主角——梁朝伟的周慕云角色——就是来自《花样年华》,彼此有关系,所以我会找他做 main theme(主题音乐)。我只是很简单地告诉他,如果《花样年华》的音乐像小型的 chamber music(室内乐),那么《2046》的音乐格局就要更大一些。

基本上它应该是讲一段旅程,但是顺着不同的剧情章节应该再各有些变奏。例如我给他三个女性,巩俐、章子怡和王菲,请他来谱写不同的变奏音乐。对我而言,这三个女人分别代表了过去、现在和未来。但是我希望梅林茂写出来的是舞曲的音乐感觉,有强烈的旋律感觉。他就做了许多的版本,其中探戈和恰恰的版本我没有用,因为这和《花样年华》的感觉太像,重复了我已经都用过的节奏。我采用的是伦巴和波罗乃兹的舞曲旋律。

但是梅林茂最后交出的作品不再是限定于某一个角

色。我觉得他把整个主题都串在了一起，一路都在变奏：一开始很严重，很 over the top（夸张），很 operatic（像歌剧）的感觉；然后就转为伦巴音乐的感觉，一种很醉人、好像喝醉酒的感觉；最后则是波罗乃兹的舞曲旋律。一开始好像很轻快，但是一路下来就又浮现了很 sentimental（感伤）、很 sad（悲伤）的感觉在里面。

蓝祖蔚：你不太愿意人们说《2046》是《花样年华》的续集，可是《2046》的人物和情节明显指涉《花样年华》和《阿飞正传》。观众该怎么来理解呢？

王家卫：《花样年华》结束在梁朝伟到吴哥窟对树上的洞倾诉心事，《2046》则是从这个洞开始，两部电影当然是有联结的。但是我建议大家颠倒观赏次序，先看《2046》。或许你会发现梁朝伟以前爱上过一位有夫之妇，你会想知道出租车里的张曼玉到底是谁。这时候你回头去看《花样年华》，就可以看到张曼玉的故事。同样地，如果你对刘嘉玲有兴趣，从《阿飞正传》里你就可以找到联结。对我而言，《2046》是个总纲，每个人物都是一个章节。我把这三部电影定位成 60 年代的三部曲，如今已经告一段落了，也许要很多年之后才会有另外一个新的perspective(角度)再来讨论这样的主题。

蓝祖蔚：电影中，你用了极多的特写镜头表现饰物穿着与女性的关联，使得每位女演员都有鲜明的造型和戏路。你怎么来区分她们的特质呢？

王家卫：一切都来自每位女演员的特质。

王菲最强的地方就在她的肢体动作。她的身体语言是非常好的，你给她简单的行为去交代她的心情，远比她说上二十个词更好。尤其她走路的样子是非常好看的，所以我介绍的第一个画面就是从王菲的脚开始的。当时她穿上鞋子，你就不只感受到脚的美丽，连带地，鞋的模样就跳了出来。我拍章子怡的脚时，就要求她要 naked(赤裸的)，给人一种很情欲的感觉。

我会做这样的安排，当然是因为我对女人的美丽很敏感，有偏好。我认为女人的脚是最性感的部位，拍得好就有味道。另外，也是因为我知道演员有这样的条件，明白她的强项在哪里，就要做重点放大，让她一出场时就能吸引大家的目光。

蓝祖蔚:拍得出寂寞感觉的人,才拍得好爱情电影。你在电影中采用了"1224"和"1225"的时间密码来表现寂寞男女在圣诞假期渴望爱情,渴望温度,渴望拥抱的浓烈感情。但是你在电影中采用了最清冷的《圣诞歌》来营造佳节里的落寞情怀。是不是因为你在最寂寞、最难过的时刻,最想混进陌生的人潮里,让陌生和更大的凄凉来抚慰自己的寂寞?

王家卫:是的,愈是难过的时刻,愈是不要孤单地关起来。混迹人群,在喧哗与欢乐中,你会有更强烈的失落与寂寞,但那是最好的疗方,好像一场痛哭之后,伤口就愈合了。

"All Memories Are Traces of Tears: Wong Kar-wai on Literature and Aesthetics (Part 1 & 2)" by Tony Lan Tsu-wei from *Liberty Times*. October 15 (Part Ⅰ), October 16 (Part Ⅱ). Interview conducted in Mandarin in 2004.

因为诺拉·琼斯:《蓝莓之夜》
——独家专访王家卫

《香港电影》/2007 年

　　戴上墨镜后,王家卫开始成为一种格调的象征。香烟、探戈、伊瓜苏的大瀑布;旗袍、音乐、金雀餐厅①的下午茶……自恋者往往孤独,孤独者难免恋物。常年抽一种牌子的烟,做旁人看来莫名其妙的坚持,可以大段大段地复述王家卫电影的独白,一度成为一个特定人群的生活方式。

　　看电影是要看明星的,还是小编剧的时候,王家卫就明白这一点,他的电影从来少不了重量级卡司。不过,明

---

① 金雀餐厅是《花样年华》中张曼玉和梁朝伟喝咖啡、吃晚餐的地方。

星在他的镜头下,魅力总会放大数倍——他实在太懂得怎样去展现东方人的性感。《阿飞正传》的一段恰恰舞、一分钟;《东邪西毒》光影斑驳中临水饮马的桃花;拍《重庆森林》时,663的说话方式正流行,闷骚本是一种都市病,经梁朝伟絮絮叨叨地演绎,竟变得美丽起来。更不用说《花样年华》和《2046》中摇曳生姿的旗袍,低眉婉转的眼角……这种性感不需要暴露身体,完全是自灵魂深处散发出来的。恰如其分的挖掘来自他对人物本身的准确拿捏,不单在角色,还在演员。然后《蓝莓之夜》来了,我们却发现,那些明星用英语说着王家卫的对白,像旭仔和苏丽珍那样亲吻,像663和阿菲那样小心翼翼地试探,像何宝荣和黎耀辉那样抽着烟,站在酒吧的橱窗外……王家卫是个天生浪漫的人,且恋旧。他将爱情看得透彻,甚至明了到了开始之前、结束之后。同时他又可以在爱情的氛围里沉醉,不受那些人物带出的、或寂寞或悲哀的情绪影响。他的隐喻太明显,叙述又过于意识流,当然不是优秀的写实导演,但谁都不能否认,他是制造情绪的高手。

　　渐渐地,人们已经开始只记得王家卫戴着墨镜的样子,但也许,这正是他想要的。

《香港电影》:可以说说《蓝莓之夜》这部影片是怎么开始的吗?

王家卫:每个戏都有一个起点,这个戏的起点就像是在玩杂技,原来是没有在计划里面的。当我在纽约的时候,有机会跟诺拉·琼斯碰面,我突然之间感觉这个女孩子蛮有趣的,就想不如一起拍个戏吧,刚好她有两个月的时间待在纽约做唱片。我就开始考虑,这应该是一部公路电影,一个女孩子就总往外跑,走到哪里算哪里,用这种方式去讲,故事也可以跟着一路走。然后又开始想,是一个什么理由让她要离开这个地方,你说爱情呀什么的,都是很表面的。我觉得这部戏给我的第一印象,就是一个女孩子的脚,就在路边,她是应该要往前走,还是怎么样。最后她还是回头,因为这条马路很近。但是我发现,我又用另外一个途径去走这条路,可能是给我自己多一点时间。按这个方式去想,一段接一段,每一段就有一个故事在里面,每一个开场都有一些细的结构,像是一个杂技,又像一场交响乐。因为它前面有很多累积,它有《阿飞正传》的累积,它有《花样年华》的累积。也可以把它看成你重新出发所提的一个轻装包,就好像那个《2046》最后说"你要重新出发"。这是一个重新的出发,你就不要拿着一个大皮箱,拿个提包就那么搏一下。

《香港电影》:这个故事的顺序,包括整个时间顺序,都给观众一种很直接的概念,好像没有特别去设置什么悬念。

王家卫:这个戏是没有什么记性在里面,没有很多设计,我认为这跟诺拉·琼斯给我的印象有关。她非常坦诚,也没什么心计,喜欢就喜欢,不喜欢就不喜欢。你问她要不要拍戏,她的问题不是:"我行吗?"而是:"几时?你认为我可以吗?我可以就可以啊。"没有很多很复杂的事情在里面。好像我现在在做配音,我找了董洁去配诺拉·琼斯。在这个表演的过程中,给董洁也是一个很大的启发,她就说:"哎,为什么?一般来说,这样的女孩子(诺拉·琼斯),都会有保护网把你挡在前面。"但她非常坦然,也许那个时候她还没想通,但是她会顺着自己,没有心计。

《香港电影》:按你这样说,《蓝莓之夜》实际上是你为诺拉·琼斯设计的一部电影?

王家卫:其实我每个戏都是根据一个人来写的,一个电影最难的就是一个开头和一个结尾。开头千头万绪,你怎么去找一个头?每个头都是可以的,哪一点开始都可以讲。但是什么让你想去拍这样的一个戏?我的起点就是因为我看了诺拉·琼斯,她令我有了这个想法,那我就开始将其他人配上去。好像《2046》,也是根据梁朝伟,跟住了这个人,其他的才配出来。还有《重庆森林》是因为我看见王菲了,我就想怎么去配出来。

《香港电影》:你其他的作品也是这样创作出来的吗?

王家卫:不完全。因为阿根廷这个国家,我想去那边拍一个电影,结果就有了《春光乍泄》。《重庆森林》是因为我们经常去的那个快餐厅,人是有意识的,我就突然想拍发生在那个快餐厅的故事。《东邪西毒》呢,是因为金庸才开始的,我觉得他写得最好的就是这两个人物。大家都说东邪是一个非常飘逸的人,但是其实对我来说,他是最保守的,也是最专制的一个人。那我就想,这两个人年轻时怎样，怎么样的遭遇才会让他们变成这样的一个人。

《香港电影》：你这个片子选择两个故事作为她的经历，一个跟家庭有关，一个是父女关系。为什么她的遭遇会牵涉到家庭情感？

王家卫：其实是因为我们定了主演是诺拉·琼斯。一开始第一个故事是在纽约，我就选用以前《花样年华》拍梁朝伟的一个场景，那是一个快餐厅。这个女孩子跑了，她应该往哪里走呢？我选景时就一边开着车一边想：第一，我如果选择拍这个戏，起码要自己去了解戏里路上的感觉是什么样的。所以我就找了制片、摄影师，开着辆车往回走，从纽约开到西岸的洛杉矶，从大西洋到太平洋。其实本来我们是想让她走得更远，暂定在北京，我也看过选过，但后来据说"开奥运会要把看中的场景拆掉"，所以她也来不了。结果我们就停在 LA（洛杉矶），就是再返回原来的地方，打算走一个圈。然后在路上挑场景，从东岸到西岸有很多选择，结果我们就选了孟菲斯。因为当我们早上开车去孟菲斯，走到马路边，看见那些街车呼啸经过时，你就会感觉这是一个田纳西的世界。所以我当时就说:"为什么不弄一段在这边? 反正你也不知道你以后有没机会再到这里拍戏,是不是?"有这样的一个机会过一下瘾也不错,所以就编了一个田纳西的故事:一个酗酒得很厉害的酒鬼,碰见了这样一个流浪的女孩子。有了这个线索,又考虑到他的身份是警员,所以继续延伸出,诺拉·琼斯跟他感觉是有点类似朋友,又与父女相似的关系,是不是? 接着我又想,下一个故事肯定已经到了西岸,穿越美国的大沙漠一定会经过内华达。那里也应该点到,因为那地方有西部片的感觉。所以我就设计出一个赌徒,跟诺拉·琼斯好像两姐妹,实际上就好像是一个人的两面性格,两种可能性。而父亲这个因素,可能是从上一部连下来的,其实故事都是一路顺下来的。

《香港电影》:当初选这几个演员出于什么考虑? 比如裘德·洛(Jude Law)这个角色。

王家卫:因为你有了诺拉·琼斯担任女主角,就必须要找一个配得上的男一号,他要跟诺拉·琼斯有火花的。当时我们看了几个,最后我选了裘德·洛。因为我在洛杉矶跟他碰面时,我感觉他有……第一他是英国人,有很多英国人在纽约住,他天生有一个距离感。还有就是他的表演节奏非常好。第三就是他不是一个很复杂的人,给人感觉很随和。

《香港电影》:你原来跟他打过交道吗?

王家卫:没有,是因为这个戏才认识他的。首先是想到诺拉·琼斯跟他配在一起可能会有火花,还有就是他是一个老手,很有表演经验,基本上就好像发挥了梁朝伟的作用,每一下节奏都可以控制得很好,因为他们都是舞台剧出身的。诺拉·琼斯有这样一个对手很重要,因为她会感觉很安全,表演就会放得开。所以我也跟裘德·洛说:"对你来说,要是你跟一个演员对戏,你大概了解彼此的套路就比较乏味。但要是跟一个新手演的话,她有很多怪招,很可能对你来说也是一个火花。"而定了裘德·洛之后,第二个定下来的人就是娜塔莉·波特曼(Natalie Portman)。因为我觉得在车里,诺拉·琼斯的外形(类似黑头发)跟娜塔莉·波特曼的形象很衬,而刚好娜塔莉·波特曼有空,所以就选了她。那蕾切尔·薇兹(Rachel Weisz)是原先已经有过接触,我认为她适合。

就好比我们这次找了巩俐配音,我认为蕾切尔·薇兹基本上跟巩俐类似,也符合角色当初的设定。蕾切尔·薇兹那个时候刚好结了婚生了孩子,她就说你给我两个月时间,我可以马上瘦下来。而当我们在纽约拍摄的时候,因为餐厅就在她家附近,她每天就都会过来看一下,每天就不停告诉我,今天瘦了多少,今天瘦了多少(笑)……她是非常努力的演员。而大卫·斯特雷泽恩(David Strathairn)是最后才确定的,因为我定了蕾切尔·薇兹饰演老婆,也就定了大卫饰演她的老公。

《香港电影》:这么多明星加盟,电影的制作成本不是很高了?

王家卫:很多人都认为:"哇,你这个电影的成本可能很高。"但是我发现,在美国,演员有两个取向。其中一个就是说,如果是商业大片,他们就会根据整体的投资比例去拿很多片酬。但是有一些戏,类似我们这些独立制片,这样一个新鲜的题材,找他们洽谈他们都很有兴趣。他们会感觉:嗨,这个戏我想演,有意思。他们抱着种过瘾的心态,所以也就不那么计较钱的问题。

《香港电影》：就这部电影，这些明星的片酬都很少，可以这么讲吗？

王家卫：相较他们之前拍的戏，这次的片酬的确很少。实际上他们拿的钱，基本跟我们华语演员是差不多的。因为就他们自己来说，这部电影是他们愿意去做的，他们不太在意钱这一块。

《香港电影》：在你看来，这部戏是公路片吗？

王家卫：其实这部电影不是公路片。虽然公路片也讲旅程，但基本上这部电影没有一个清晰的旅途在里面。它只不过是这个女孩子的心路历程，她走到哪里她的心都是掉在纽约的。我们注重表达的是她内心的不稳定，是心灵的公路电影。

《香港电影》：关于她自己设定的那个期限——三百天，为什么不将它设定得更长？

王家卫：其实三百天或者一年、两年，甚至五年，都可以写。但是我的感觉就是说，这段经历不是一件很大的事情,在这个女孩子一生中可能只是一个插曲,而剧本里计算的时间其实跟我拍这个电影花的时间是一样的,所以一年差不多了。从我们开始去筹备这个电影,到整个戏拍完,做好后期处理去戛纳,刚好一年。所以一年这个时间设置,也可说是我的一个旅程。

《香港电影》:电影的片名是怎么来的呢? 上回在戛纳,你不是说不喜欢吃蓝莓吗?

王家卫:不喜欢,绝对不喜欢。但是对戏里的女孩子来说,她吃蓝莓派也不是纯粹出于天生喜好,是因为人家都不喜欢吃,她理解了他们的行为,却变成喜欢吃了。其实我是很懒的人,反正我认为简单、顺口就可以了。电影里她一天到晚去吃蓝莓派,叫《蓝莓之夜》不是很好吗?包括我们拍的那个餐厅,它供应很多甜点。那我们就问老板哪一个最不好卖,他说蓝莓派最不好卖,所以就定了蓝莓派,就是这么简单了。实际上它后来代表了某一类东西,是被别人冷落的一个代表。这个蓝莓派不是甜的,是苦的。

《香港电影》：这个片除了蓝莓派之外，好像还有很多带有象征性的物质，比如钥匙、筹码，等等。

王家卫：哦，严格来说筹码不是我想出来的。因为在筹备这个戏的时候，我们是在路上开着车，而我又不是司机。那路上开车，一天开十六个小时，不开车的人干什么好呢？所以就看书，听音乐。当时我看的一本书是关于戒酒的，讲一个个戒酒的案子，写给那些酒鬼怎么去戒酒。所以我就来了灵感，将戒酒套用在爱情上。其实都是把"瘾"戒掉。就是说当你要把情人忘记，这个人他跟了你五年，他已经变成你的一部分，是一个"瘾"，你今天感觉不对了，你要把它戒掉应该怎么做。所以第一段从警员身上就可以看到。美国戒酒都采用筹码奖励的方法，美国人喜欢奖励嘛，他就给你一个奖励，一天不喝酒就代表一个筹码，那九十天就是有一个九十的号码。因为都是一群酒鬼，你在当中就比较容易有成就感。因为人在有问题的时候，自信心是不够的，需要别人的认可。而这个筹码不仅是象征性鼓励，当你的注意力在小东西上面，就不会一天到晚想着喝酒啊之类的事。所以（我）认为这种方法不错。对这个女孩子来说，她也需要这样一个筹码,不去想她的男朋友。她在孟菲斯时打两份工,不让自己停下来,就代表她还在想着他,后来就慢慢变了,其实就是一个逐步戒瘾的过程。

《香港电影》:门和钥匙呢?

王家卫:门和钥匙没有什么象征意义。而且因为那个抛弃诺拉·琼斯的男人没有露面,其实他是谁的男朋友、长得如何是不重要的,每一个人都可以想象,都可以把你自己的男朋友套进去,钥匙基本上就是个关系。我要是给你一串钥匙,就是代表承认了我们的关系,你走进了我的空间,而我把钥匙丢还给你,就是不愿意再走进你的世界。

《香港电影》:钥匙很能勾起女性的兴趣。那样一个酒馆,有那么多钥匙,每把钥匙代表一个感觉。而对她们来讲,每一把钥匙都是神秘的。

王家卫:其实并不特别。我以前念书时打暑期工,曾经在酒吧里工作过。酒吧很多时候都会发生类似的情形,很多人都会留下杂七杂八的东西,打火机、香烟、零钱,钥匙也是有可能的。曾经就看过有人说"我们在这里分手",然后就把钥匙丢出来,这些我都见过。

《香港电影》:为什么把餐馆选在纽约呢?

王家卫:因为女主角大部分时间都在纽约,她住在纽约,工作也在纽约,所以对我们来说,纽约就是一个起点,也是终点。这样比较合理,她也可以安排她的时间。

《香港电影》:我看了这个电影之后,有一种感受。这种题材的片子啊,在我的知识结构,或者阅历结构上,能够看到的美国片子中,这么纯洁的好像几乎没有。

王家卫:对啊,可能现在不流行纯洁,所以我应该保留一些纯洁在银幕上面。其实美国人是非常保守的,譬如说,纽约啊,洛杉矶啊,可能是另外一个城市。可是你要是走到别的地方,就会看见一些不一样的东西。通过我这个电影你就会明白,美国人为什么会选布什当总统。还有酗酒等种种问题。其实美国是一个非常保守的国家,那些人是很纯朴的,还有他们宗教的意识很强,尤其是南方。

《香港电影》:就是一开始你就不想这个片子有一些额外的性的场面?

王家卫:没有这个必要,这都不是这个戏的内容。因为性这种东西,我认为这本身就是一个题材。它不是一个手段,要是一个手段就没意思了。它是一个主题,你可以去碰它,但要有一个想法看怎么去讲。

《香港电影》:你怎么看待李安导演在《色,戒》里对性的题材的运用?

王家卫:对于他来说,那个可能就是他这部电影的主题,我认为他运用得非常好,很聪明。因为我认为他把梁朝伟里里外外的,戏里面的、戏以外的形象,都很好地用了。就是说变成……在银幕上,对观众来说,这是一个冲击。这是非常强的。

《香港电影》:我们在这之前讨论过你的片子,很多时候你不像有些导演,可能始终给爱情啊,给女性啊,一些很悲惨的状况。有的时候你让他们团圆,像这个片子,就是一个美满的结局,但有一些片子又不是。

王家卫:现在很多人都说,你为什么拍那么多爱情故事。我说我没有,这些都不能作为传统的"爱情故事"。可能这是一个关于爱的故事,而不是一个爱情故事。好像这个电影,应该说这不是一个爱情故事,就在这个戏做完之后,这个爱情故事才发生,这是一个爱情故事的起点。这个电影的终点,当他们碰在一起的时候,我们想象,下面可能是一个爱情故事了。但前面是一个在找寻那个爱情的过程,找寻那种爱的感觉。那比如《2046》就是一个爱情的后遗症。它不是讲爱情,它是说爱情的后遗症的。

《香港电影》:你拍了这么多爱情片,你怎么看待爱情在我们生活中的作用?

王家卫:我们大家在今天来说,爱情是我们生活里面的一部分,这是不可否认的。我要找一些大家都可以认同的东西。不单止(仅仅)是这里,还有外面很多地方,大家看都可以认同。我认为爱情是非常共通的一个题材。你讲某一些东西可能是比较偏了,但在一个电影里面,你可以包含很多很多情绪在里面。你可以讲夫妻,也可以讲父女,很多感情。

《香港电影》:你觉得爱情是值得信任的一种情感吗?

王家卫:其实戏里面已经给你提供了一个感觉,就是说,你必须要相信才可以享受(爱情)。但是我们要问:你要是跌倒了怎么办呢?我们就提供了所有的答案给你了。你要是一开始,就像娜塔莉·波特曼说的那样,你不相信别人啊,要小心翼翼啊,对,你可以这样,但是你就没有享受这个过程。好比说我知道这个吃了辣,但是我享受。我给你提供的就是说,喝杯热茶,就辣也可以解决。

《香港电影》:虽然我发现有一些戏,其实你在工作的时候还是很快的,但整体上你拍戏一直慢,为什么?

王家卫:我要求高嘛!就好像这次这个配音版啊,他们说,你还是不要来吧,正常来说做一个配音版,导演不应该在这里。他们说两天可以配完,结果现在已经配了十天了,还没弄完。我认为,就是说,这种配音的方法就好像是以前的译制片一样,苏联的电影,或者是南斯拉夫的电影,那个语法啊,还有那个表达方式都是给原来的台词限制了。所以我说我们要做一个本土版,要是这个电影是发生在中国的话,会是什么样。其实人的情绪是一样的。我们把它变成一个……我们中文观众看起来,这个电影没有障碍。就感觉,哦,就像我身边的一个人一样。

《香港电影》:那你就以这个为出发点,选择这些人来配音? 选择张震做裴德·洛(的配音)是因为他来自台北,其他人呢?

王家卫:他有一点点口音嘛(笑)。姜文跟巩俐,我跟他们说,孟菲斯他们是有一个南方口音,我们这个是一个北京的口音。张震他是带有一点台湾地区口音,所以他在戏里面,也代表一个外地人嘛! 所以给他一个口音不是很好吗?

《香港电影》:那比如姜文的这个警员、巩俐的这个妻子,我们听到的时候还能理解,可是董洁为什么做诺拉·琼斯呢? 因为我觉得诺拉·琼斯在这个电影里的声音是很厚实的,但董洁给我们的印象一直是小女孩那种声音。

王家卫:对啊,其实等将来你看这个电影的时候,声音是可以处理的,但是情绪不能处理的。董洁给我的印象就是跟诺拉·琼斯很像。她是很纯、很没有修饰的,是一个很本色的人。因为我们听的时候,至少是董洁配的时候,观众在看那个角色的时候,可以想象,要是董洁遭遇这样的问题,她的反应是不是这样。这声音是不是要很靠近呢? 我认为不一定要很靠近。你有这个味道就可以了。所以不是有人常说译制片是二度创作吗? 我说这个不是,我这个是一度。

《香港电影》:那赵薇配娜塔莉·波特曼也是这个原因吗? 因为我觉得,像娜塔莉·波特曼这个角色带有点狡诈式的这种感觉。

王家卫:你们去看,非常精彩的。你去想一下,赵薇去演这个角色是不是很像。她是从安徽来的,让她配一个赌徒,你肯定知道,她就是这个调调。我们还找了徐静蕾配那个猫女魔力①(饰演杰里米的俄罗斯歌手女朋

---

① 猫女魔力(Cat Power,1972—),美国歌手、演员。——译注

友），你想象不到。很棒的。

《香港电影》：真的都是比较特别的想法。最初是不是因为考虑这些人都是明星？

王家卫：也不是都是明星啊，我也找了我的驾驶员，我认为他的声音很好，所以我也叫他配了音的。我也找了洪晃去配一个黑人，那个 waitress（女服务员），会很逗。

《香港电影》：电影拍出来以后，你是希望像有些导演说的那样，只拍给那些能看懂你的人看吗？

王家卫：我没有这种情绪的。我就最怕说这个电影是一个艺术啊，商业啊，或者是电影是拍给谁看啊，或者是，电影拍给所有的观众看。我感觉这都是没意思的。拍电影就好像是你在做一个手表，或者你是一个厨师，最主要的是，在做这个东西的过程里面，你尽了力，也过了瘾了。认为这是一个很好的东西，拿出去，希望大家也可以享受，就是这个感觉。

《香港电影》:那你想没想过,换一种和你现在完全不一样的方式来表达,拍一部差别很大的电影?

王家卫:有这样的一个机会,有这样的一个题材,或者是有这样一个理由,当然可以做。这不是钱跟演员的问题。很多人认为你可能拍戏啊,你不需要担心钱。这不是真的,其实每一个电影从开始的时候,都会有它的一个状况,有它的困难,不在大与小。我说的机会就是,有这样的一个想法,让我想去拍这个东西,我认为这个时间是没白花的,这个很重要。因为我会感觉现在拍电影愈来愈复杂,就是因为你拍电影不是单纯地拍电影,要花多少时间在前面的筹备。后面你还要花很多很多时间去宣传这个电影。所以好像这个戏,我认为是一个很简单的戏,差不多也花了两年。需要想的就是,两年的时间做这个事情,你感觉愿不愿意,愿意了那就去做;要是你感觉很累,那就没必要了,不如做一个有意思的。

《香港电影》:咱们做一种假设啊,假设说《哈利·波特VII》准备请王家卫做导演,你会接受吗?

王家卫:我会啊。为什么呢? 一个简单的理由就是,我的儿子问我,为什么我拍的电影他都不能看。(笑。)那要是有一天,有人说你去拍一个电影给小孩子看的话,我会愿意做这样的一件事情。因为我为我儿子做的事情不多啊。所以要是有这样一个机会,我肯定会做的,不管出来是什么效果。我跟我儿子聊啊:你想一个故事,我就拍,这样就解决问题了是不是?他就在想了。(笑。)不过我差不多一个月没见过他了。

《香港电影》:拍电影就是这样吗?经常会跟家人分开?

王家卫:对,现在是这样子。所以现在我愈来愈觉得,拍一个电影要想得非常慎重,因为你在做这个事情的时间,你知道你会失去一些很重要的时间,跟家人的一些时间。

《香港电影》:你上回说你戴墨镜,实际上是用来区分工作和生活的一个标志。

王家卫:呃,其实最近我有一个更好的解释,就是把那个讲得很透彻。上个月有一天,我在法国做一个访问,那些已经是老朋友了。有一个新的记者就问,王导你为什么要戴墨镜,那个老朋友就说,我的眼镜就跟查理·卓别林的胡子是一样的。他说以前查理·卓别林的一个儿子或者女儿,说印象当中爸爸是两个,闻到那个胶水的味道,就是有胡子的时候,他是查理·卓别林,没有胡子,没有这个味道的时候,他就是我的爸爸。

《香港电影》:你还有其他的习惯吗?

王家卫:没有坏习惯。抽烟是坏习惯吗?(笑。)你看我基本上都没有抽完的,基本上就是这样的,我是手瘾而已,我要点一下,吸一口。一天会有一包、两包啊这样。在家里面少一点,因为家里边都不太喜欢,会投诉我。(笑。)

《香港电影》:你喜欢抽比较名贵的香烟?

王家卫:没有,我习惯抽这个牌子已经十几年了,英国的金边臣(Benson & Hedges)。有一天抽了之后,感觉对,就一路地留着。抽香烟的人永远都是跟一个牌子啊,喝酒也一样的。但很痛苦啊,因为不好买,所以这个现在在香港没有卖啦。这个牌子是很偏的,没有打什么大的广告,不过是非常好的香烟。

《香港电影》:你和妮可·基德曼合作的《上海来的女人》,现在进度如何了?

王家卫:我们还在筹备,还在纽约做一些资料,也有档期问题在里面,就看哪一个档期了。

《香港电影》:你和张叔平合作这么多年,在你的电影里所呈现出来的画面风格是你还是他的想法呢?

王家卫:基本上,我和他对很多东西的看法是一样的。他熟悉我的看法,我也熟悉他的,所以有很多东西不需要讲究。主要是你要看看一个电影大家是怎么合作。简单地说,《蓝莓之夜》没有了杜可风,他那个时候在拍别的戏,所以你会感觉《蓝莓之夜》摄影方面跟我以前的作品有很大的差别。

《香港电影》:你好像一直是用红色和蓝色比较多。

王家卫:也不一定,比如《蓝莓之夜》我们就没有什么禁忌的。我们看到这个地方,感觉这个地方对了,做一些简单的布置就开始拍,没有什么特别安排,而且你在酒吧里面不是红的就是绿的。(笑。)《重庆森林》倒是蓝调的。那个速食店基本上都是日光灯,偏蓝的,家里面也是蓝的。还有很多黄色,林青霞的风衣,还有重庆大厦。

《香港电影》:因为你的电影,重庆大厦已经成为香港一景,不过大家都说其实那里十分脏乱。

王家卫:因为他们对它的认识跟我不一样,我是从小在那个区长大的。重庆大厦在50年代是非常高档的住宅,很多邵氏的明星都住在上面。60年代,它下面是香港最大、最豪华的夜总会,因为是夜总会,所以有很多老外,特别是印度人住在那边。后来它慢慢开始变乱,传说有贩毒啊什么的。所以我从小对这个地方就很好奇,我爸是永远不会让我进去的。《重庆森林》是我借一个理由跑到那边拍电影,探个究竟。(笑。)《春光乍泄》也是拿电影作理由去阿根廷走一遍。拍电影就是这么一回事嘛!当导演唯一的好处就是可以借一个理由去做一些你想做的事情,就好像李安借电影实习一下。(笑。)

《香港电影》：有评论称你拍的电影都很像，甚至王家卫一生都在拍一部电影。你同意这种观点吗？

王家卫：就像拍照一样，我今天拍你三张照片，十天之后再拍你，样子可能会有一点变，但还是三张吧，这就是你的东西啊。有一些人可以今天拍恐怖片，明天拍喜剧，但是你还是可以看见有一些东西是改不了的。

《香港电影》：在很多女孩眼中，王家卫的电影留在脑子里的画面总是夜晚。为什么会这样呢？

王家卫：我想有两个原因。第一，这是一个很客观的东西，就是说我很多戏都是晚上拍的。而我喜欢拍晚上的戏，是因为白天拍戏很复杂，又要租地方，又要清场，晚上安静一点就可以搞定了嘛。第二，我也认为在城市里，白天我们基本上就是干活，没有太大的区别，对我来说找不到点，晚上却拥有自己的时间空间，是不是？可以和朋友去卡拉 OK，可以喝酒吃饭。没有朋友的话，一个人在一个城市生活蛮难的，那种情绪可以做出很多文章。

《香港电影》:你电影的很多对白都很小资情调,总是会有一种预言式的语言,或者哲理很深,借物比喻,类似钥匙、树洞。

王家卫:其实很多语言都是调侃的语气。一个道理,其实大多数人嘴巴上讲的都差不多,而有时讲白了又会很肉麻,是不是? 生活中我从来不会用这种语言交流。拍《重庆森林》的时候,是一个调侃的处理方式,因为那时流行嘛,每个人都是这么讲话的,我们就把它变成一个现象。我本人没有这个习惯,所以就把自己不愿意讲的话,在电影里表现出来。但是怎么统一去评价一件事很难,就是观众看你电影的时候,可能不是跟你同一条线的。比如裘德·洛的配音,对于我来说,他很多话是半真半假,他有一种调侃在里面,但观众可能认为他是非常认真地在讲。所以我常常说要看清楚点,有一些人讲话好像很真,其实他是在讲笑(开玩笑)。

《香港电影》:说到时间的概念,你的电影里好像都借用时间,以此作为一种戏剧张力。

王家卫:没有,这部电影我们的焦点是在距离,不是时间,《2046》才是时间。因为我的感受是,在看景的时候,我们没有看时间,就是计算离开纽约多少天,我们只看车上面的公里数,所以我多提了个时间的概念。

《香港电影》:在别人印象当中,王家卫就是把自己的故事,要拍的东西都想好,然后再要演员来配合你,是不是这样?

王家卫:没有,我从来不是这样想的,我是没有这个习惯。那天晚上跟巩俐吃饭也讲到这个问题,她说其实她现在才发现……她以前认为我都是事先有一个剧本,但不让演员看。但她现在发现不是,因为我没有什么招,就是我在看着你的时候才会想出你应该怎么走。我的习惯,感觉并不是有一个角色我都想好了,就想找哪个演员怎么去演,类似一件衣服找人试穿,不是这样的。我一般都是看见了你,我认为你应该穿什么衣服。

《香港电影》:可是很多人都说,王家卫是有意不给自己的演员看剧本,让他们表演时临时发挥,这样才更有新鲜感。

王家卫：没有，从来没有这种事。当然我不能说带着白纸一张去现场，不可能。因为我是当编剧开始的，所以我会有个粗略的剧本，我大概知道故事讲些什么，现场可能这一句跟那一句台词会有变动，这个是可以变的。但因为《蓝莓之夜》是英文嘛，所以我还是找了一个小说家——纽约的劳伦斯·布洛克。故事基本都规范在一个剧本（之内），但我还是会跟演员说可以调，这句可以不讲，这句可以讲。好像我们有一场戏，就是他一个人讲十分钟那场戏，刚开始时写得很长的，但是到后来你感觉其实不需要那么多话。所以我们就一路改，他写一段，我也写一段，就把它改成——给人感觉就是从嘴巴里面讲出的话，而不是一个编剧的话。

"Because of Norah Jones: *My Blueberry Nights*— Exclusive Interview with Wong Kar-wai" from *Hong Kong Film*. December. Interview conducted in Cantonese in 2007.

美国方式

托尼·雷恩斯/2008 年

王家卫的《蓝莓之夜》可能是他导演的第一部英语电影，但其标志性的对人物和关系的注重没有改变。随着这部重新剪辑的公路片的上映，王家卫和托尼·雷恩斯探讨了从局外人的角度向里看的体验。

王家卫去年主要在做两个项目。一个是《东邪西毒：终极版》——他 1994 年的传奇武侠电影的修复版。原版在威尼斯获奖，却因为版权纠纷几乎没有发行，这个纠纷最近才得以解决。这部影片姗姗来迟的国际发行令人十分期待，这一方面是因为和十四年前相比，王家卫及与他合作的一些明星（梁朝伟、张曼玉，以及已故的张国荣）如今得到了更广泛的认可,另一方面,非中国观众现在也对影片的体裁更为熟悉了。王家卫可以通过重新混音来润色原来的版本,也可以调整剪辑,添加他储存在香港的诸多被删除的场景。无论他如何选择,2008年《东邪西毒》都会再度和观众见面。

另一个项目是《蓝莓之夜》,他的第一部英语电影,由首次涉足表演的歌手诺拉·琼斯主演。影片在2007年戛纳电影节开幕的当晚首映,反响不太理想。去年夏天,王家卫像他常做的那样对这部作品进行了重新构思,现在全球发行的影片是重新剪辑的版本。目前的版本比原来短了约十五分钟,节奏改变了,旁白减少了,但基本结构没有改变。矫揉造作的片名表明影片不会被视为王家卫的主要作品,但现在的版本是一部更紧凑,某方面也更具说服力的影片。

王家卫以前的很多作品也经历过类似的修改过程。他的上一部长片《2046》在六个月期间——从戛纳首映到公开发行——发生了不小的改变。《2046》主要探索了作家与其创造的虚拟世界(正如2046所象征的,既是一个遥远的时间,又是一个找回并修复失落记忆的地方)的关系,围绕作家的旁白展开,有些是他自己说的,有些是他创造的日本人物(木村拓哉饰)说的。修改过程中,旁白是改得最多的。最终版本的影片十分巧妙地将一段虚构人物(用日语说)的旁白重新分配给了作家(由梁朝伟用粤语说),这一改动十分动人。遗憾的是,大多数西方观众无法区分这两种语言,因此感受不到个中区别。

电影公映时,戛纳版的《2046》中反复出现的一段独白消失了。那一版影片以作家对自己与2046的关系的反思开始和结束,同样的话语在影片的中间也出现过。这段旁白大约是:"去了2046的人都没有回来。但我是例外。我去了2046,我回来了。因为我想改变……"

我曾经问过王家卫为什么重写旁白,他告诉我,因为他觉得原来的太明显了。我认为他的意思是,他自己和他的作家人物的关系与该作家和其笔下的日本人物的关系太类似了。他担心观众会把旁白当成自传性的使命宣言。《2046》就像对王家卫主题和主旨的总结。这段旁白赋予了整部电影一种告别的气氛,让人感觉导演迫切地渴望进入全新的领域。我记得以前和王家卫交流时,他曾揶揄道:"最近太多人在'做'王家卫了,所以我必须做点别的。"

所以,《蓝莓之夜》是一部截然不同的影片吗?是,也不是。一方面,这是一部英语影片,其中片段式的、线性的叙事不同于王家卫以前的作品。但另一方面,影片关注的还是经历情感问题的人物——这个故事其实是王家卫从以前的创作素材中挖出来的。不过,正如影片开头的旁白所说:"故事都已经讲完了……"

托尼·雷恩斯(以下简称雷恩斯):拍摄这部影片的主要动力是什么?

王家卫:我在纽约为我和妮可·基德曼合作的项目《上海来的女人》做一些研究,机缘巧合下见到了诺拉·琼斯。我们在苏荷区的一家咖啡馆聊天。我发现她的性格十分直接和自信,所以问她有没有想过演戏。她没有问我为什么这么问,只说:"你觉得我可以演戏?"我说:"为什么不能?"我建议我们合作,并告诉她,我几年前想到的一个故事或许可以成为我们合作的起点。

我曾在一部名为《花样年华 2001》的短片中用过这个故事。短片 2001 年曾在戛纳放映过,此后就几乎没有再放映了。影片讲述的是梁朝伟和张曼玉饰演的角色在香港的便利店巧遇的故事,两人可能有关系,也可能没有。我给诺拉·琼斯看了那部短片,我们开始考虑将故事移植到美国,并对其进行扩充。所以用英语拍摄这部影片的主要原因是,诺拉显然没有办法说中文。她的一些态度也感染了我,所以我想:"为什么不试一试呢?"

雷恩斯:在美国工作吓人吗?

王家卫:我知道我不是第一位在电影中表现美国的外国导演。我想我的工作方式已经很有名了:我不构建故事;我构建人物。一直以来,我都一定要了解电影中人物的一切,所以即便是一个在咖啡馆里的女人,我也必须知道她来自何方、昨天在做什么。我需要所有的背景信息。如果我与梁朝伟和张曼玉在香港地区拍摄,想象人物的环境和背景对我来说很容易。但面对美国人物,我也需要做到这一点。看爱德华·霍普①的画时,我能感

———————
① 爱德华·霍普(Edward Hopper,1882—1967),美国画家,对日常城市场景的写实描绘极具冲击力,让观者感受到熟悉环境中蕴藏的陌生感。——译注

觉到他画中人物的存在。我要问的问题总是："这张面孔、这个动作给我留下了什么印象？"

雷恩斯：你是如何选择小说家劳伦斯·布洛克作为剧本合作者的？

王家卫：鉴于影片是英文的，我知道我写剧本的时候需要帮助。我不能自己来讲这个故事。我必须站在他人身后，从外向里看。我很久以前就知道劳伦斯的长篇和短篇小说，但我没有见过他。我尤其喜欢他的人物马修·斯卡德（Matt Scudder），一位酗酒的纽约私家侦探。他以前是警察，但意外杀了人，之后不得不离开警队，开始当私家侦探。这些故事让我觉得应该尝试请劳伦斯来帮助我。

事实上，我一开始的想法是由不同的编剧负责影片的各个章节：纽约的第一章和最后几章、田纳西州孟菲斯的章节，以及内华达州小镇的章节，分别由不同的编剧负责。但劳伦斯动作很快，一下就能理解我在尝试做些什么，所以我问他能不能全部由他负责。我们产生这个想法时，距离开拍仅有约两个月的时间。

雷恩斯:你是如何决定每个章节发生在什么地方的?

王家卫:我们决定第一章和最后几章在纽约之后,就必须确定中间要发生些什么。所以我和摄影师达吕斯·康第(Darius Khondji)及制作经理一起开车旅行。我们跑了好几趟,每次十到十二天,每天开十四到十六小时。大多数时间我们都是晚上出发,夜里开车,在清晨到达一个地方。有时候反过来。基本的想法是,伊丽莎白(诺拉·琼斯饰演的人物)从东到西穿越美国。

我从一开始就觉得有一章应该发生在南方。很多我喜欢的美国事物都来自南方,包括大部分的音乐。诺拉本人来自得克萨斯州,所以我请她推荐值得一看的地方。她告诉我们有一个名叫"爱"(Love)的小镇,这听起来很有趣,但实际上非常普通。我们最终选择了孟菲斯。

我们也想去拉斯维加斯,那里方方面面都和南方截然相反。但不知怎么回事,我们在内华达州的沙漠中迷路了,最终来到了拉斯维加斯附近的一个小镇。那里基本上只有一条主要街道,但有一家非常古老的酒店,酒店地下室里有一间赌场。当时我们是夜里开车,早晨到达那里。镇上空无一人,赌场里几乎没人。但我们发现那曾经是一个重要的小镇。那家酒店拥有内华达州的第一部电梯。它曾是好莱坞明星前往拉斯维加斯的中途补给站,所以房间都是用明星的名字命名的。我认为这是一个很适合伊丽莎白迷路的地方。

雷恩斯:伊丽莎白的情感轨迹呢? 你是如何决定的?

王家卫:旅行时我总是带着书。这几次旅行时,我带了三本书,每本都对我的想法有一定影响。一本是苏菲·卡尔(Sophie Calle)的《痛》(*Exquisite Pain*),有点像带文字的相册,从十五年后的视角记录了她人生中最不快乐的日子。她被一个男人抛弃了。她一直不停地向不同的人重复同样的故事,每讲一次,就失去一些细节,到最后故事变得十分模糊。这本书中全是我喜欢的东西。有一次,她在一座陌生的城市里瞎逛,走进一家餐馆,然后点了香肠。她很讨厌香肠! 她也不知道自己为什么这么做。

另一本书(书名我忘记了)是戒瘾指南——抽烟、喝酒、糟糕的关系等一切。它很有章法:作者会说当你到达这个阶段，你就会有这样的症状等。我发现这本书变成了我的菜单，电影中的不同章节变成了作者对戒瘾过程不同阶段的分析。

第三本书是劳伦斯的短篇小说集。他笔下所有反复出现的人物都出场了，我逐渐看出，他们中很多都是劳伦斯本人的化身。这让我想到电影中应该有一个人物是警察。因为我们会在孟菲斯拍摄，我联想到了田纳西·威廉斯，觉得我们可能应该向他致敬一下。因此我向劳伦斯提出："我想要一个关于警察，以及他与妻子之间的问题的故事。"劳伦斯没有和我们一起旅行，但我从他身上得到了很多灵感。比如，他是一位活跃的马拉松选手，最终成了杰里米（裘德·洛饰演的人物）的原型之一。

雷恩斯：我知道实际拍摄时间很紧张，不知道你有没有时间实践你拍中文电影时"尝试不同想法"的工作方式？

王家卫：某种意义上，和中文电影相比，这部电影更多地运用了这种方法。我必须发动所有的演员和工作人员。开始拍摄时，我就对所有人说："很多关于中国人的电影——外国人拍摄的——在我们看来都很奇怪,我不想重蹈覆辙!哪怕花三年时间拍摄这部电影,我也无法像美国人一样看待一切。因此需要你们大家都参与进来,给我反馈和建议。"他们一开始有点吃惊,因为他们当然习惯导演明确告诉他们要怎么做。但他们接受了这种方式,最后我们合作得很愉快。我给他们剧本时他们有些吃惊,因为他们以为我拍电影根本不用剧本。拍摄过程中,我们确实做了一些调整,很多都是根据他们的建议进行修改的,不过所有调整都会让我们离人物更近。

"The American Way" by Tony Rayns from *Sight and Sound*, no. 18, no. 3, pp. 32 – 34. Interview conducted in English in 2008.

独家采访:王家卫(《东邪西毒:终极版》)

达蒙·乌/2008 年

关于重新剪辑、修复、重新发行的话题,无论是支持还是反对,乔治·卢卡斯(George Lucas)都是一个不错的话头。我和王家卫在对话开始时提到他并不奇怪,但王家卫在采访快要结束时用赞赏的语气谈论他的一部作品,这着实令人震惊。然而,重新剪辑的《星球大战》从来不是我们探讨《东邪西毒:终极版》的参考。这更多是出于我对这名艺术家(王家卫)的尊重。

相反,采访时我尽力平衡我电影爱好者的一面和——在礼貌的社会可以被称为——王家卫死忠粉的一面。因为王家卫是我最喜欢的还在拍片的导演之一。当我告诉杰里米·史密斯（Jeremy Smith，与我供职于同一家出版物的评论家和作家）我要采访王家卫时，他担心我会危害导演的健康。我大部分时间都成功地控制了自己，但最令我吃惊的是王家卫其实乐意对话。他想要与人沟通，你会看到有好几次，我和他聊着聊着就情不自禁地偏题了。

我们一起探讨《东邪西毒：终极版》——他1994年的武侠巨制的重新剪辑版。影片在香港很有名，因为王家卫在后期制作上花了一年时间，深陷其中，甚至中断制作去拍了《重庆森林》，让自己重新振作起来。看完试映往外走的时候，我这样向德文·法拉奇（Devin Faraci，与我供职于同一家出版物的评论家和作家）描述这部影片：就好像伍迪·艾伦（Woody Allen）1982年在ILM（Industrial Light and Magic，乔治·卢卡斯创立的工业光魔公司）的帮助下拍摄了一部科幻电影，既是科幻电影，又有伍迪·艾伦的风格。这是非常奇怪的组合，值得在大银幕上看，而且这个版本就是该影片现存的唯一版本，因为影片的素材没有得到妥善保存，所以制作《东邪西毒：终极版》的原因之一就是为了抢救这部电影。影片

10月10日在纽约和洛杉矶上映,此后可能会在更多地方放映。

达蒙·乌:我一直想知道这话是谁最先说的。我认为是弗朗西斯·福特·科波拉(Francis Ford Coppola),但也有人说是乔治·卢卡斯,不过我觉得还可能是让-吕克·戈达尔。反正有人说:"影片不是上映①,而是逃跑。"这部影片似乎就是这句话的真实写照。你花了一年的时间剪辑,最终完成了1994年的版本。现在你必须再次拿起捕虫网,花更多的时间捕捉这部影片。

王家卫:但是从某个角度看,这部影片从来没有在这里公映过。它只是用了很久才出生。我想应该这么说。

达蒙·乌:之前在这里发行的大多数版本——我有美亚②的DVD——都是香港的导演审核版。

王家卫:他们常说是"导演审核版"(笑),但从来没有

---

① 原文"release"既有上映、发行的意思,也有放走、释放的意思,在这句话里一语双关。——译注
② 美亚镭射影碟有限公司。——译注

审核过。

达蒙·乌:你确实回过头去进行了一些调整?一些过渡似乎与之前不同了。

王家卫:我认为变化不止这些。可以说变化很大。我们拿掉了电影中原有的很多东西,再加入新的。以前是五道菜,现在只有四道了。调味料减少了,但还是同样的东西。整个过程不像想象的那么简单。我们1994年剪辑的原版处于一种微妙的平衡状态。故事——故事的结构——非常复杂,需要特定的讲述方式。一切都处于某种平衡状态,如果哪里缺了一块,整个故事就会崩溃。因此,我们不仅仅删去了有问题的部分,还必须删去更多不合理的部分。我们做了很多工作,不仅仅是一些小的修改。

达蒙·乌:你以在剪辑室花很多时间著称。这一次如何?剪辑这部影片会比较快吗?

王家卫:这部影片做不了太多工作,因为事实上修复工作用了两年。必须扫描所有素材、所有额外的镜头,并

修复刮痕、水印和声音。① 因此我在素材的基础上尽力
而为。做的过程中没有太多选择。我不想完全改变影
片,因为那么做又有什么意义呢? 还不如干脆再拍一部
电影。

　　达蒙·乌:制作笔记提到你是在抢救这部电影。

　　王家卫:我们称这部影片为《拯救〈东邪西毒〉》。

　　达蒙·乌:是否有过更长的版本? 有没有找不回来
的片段? 在你看来该有的都有了吗?

　　王家卫:不。我们没能找回所有素材。从某种程度
上说,我们在唐人街的拷贝中寻找额外素材的原因很奇
怪:我们发现这里及其他一些地区放映的版本比原版要
长。我想,当时发行商希望这里的版本比其他地区的版
本拥有更多的动作戏,因为唐人街的观众喜欢看动作戏。
所以我们想看看能不能从这里的版本中找到额外的素

----

① 　存放这部影片的胶片的仓库即将关闭,因此他们要求王家卫取回
胶片。胶片的状况不佳,王家卫不得不进行修复。另外,张国荣去
世了,所以他们试图挽救原胶片以便重新配音。

材,但收获不是很大。

达蒙·乌:《堕落天使》有一些黑帮片、动作片的元
素,《2046》有一些科幻的元素,而这部影片是彻底的类型
片。我是说,之后你也尝试过类型片,《蓝莓之夜》有点像
公路电影。不过你希望有形式可以依靠吗?以后还想再
拍这类影片吗?

王家卫:当然,我认为我挺擅长拍动作戏的。过去几
年,我们一直在做一个名为《一代宗师》的项目,是李小龙
的老师的故事,一部关于 50 年代香港的搏击俱乐部的电
影。我们对这部影片都很期待,也许接下来我们就会拍
这部电影。

达蒙·乌:(当时,我想自己因为兴奋而睁大了眼
睛。)这太激动人心了。你的影片的优点之一就是你能够
将音乐——无论是猫女魔力还是阿斯托尔·皮亚佐
拉——和画面结合在一起。制作《东邪西毒》这样的古装
片时,有没有想把脑中已有的旋律加入电影的时刻?

王家卫:你知道 1994 年我给陈勋奇(《东邪西毒》的

作曲家）的参考是什么吗？你知道吗？

达蒙·乌：不知道。

王家卫：我说，音乐要像马克·诺弗勒①，因此在当时这部影片的配乐可以说是非常狂野的。这不是一部一般的武侠电影，像橘梦乐团②对阵恐怖海峡乐队。有《私人调查》。你知道《私人调查》这首歌吗？

达蒙·乌：现在一下想不起来。

王家卫：啊！

达蒙·乌：如果你推荐，我今晚就去找来听。

王家卫：我跟你说，可以搭配上画面，沙漠里发生激烈战斗的场景。另外一段，伏击的片段，可以配《私人调

---

① 马克·诺弗勒（Mark Knopfler，1949—　），英国摇滚音乐家，恐怖海峡乐队（Dire Straits，英伦摇滚乐队）主唱兼吉他手，随恐怖海峡乐队入选摇滚名人堂。下文提到的《私人调查》（"Private Investigations"）是恐怖海峡乐队的一首歌曲。——译注

② 橘梦乐团（Tangerine Dream）是埃德加·弗勒泽（Edgar Froese）于1967年创立的德国电子音乐乐队。——译注

查》。前奏,吉他过门。你应该试试看,用原版的最好。

达蒙·乌:回到正题……标准收藏似乎即将推出《重庆森林》。你关注这件事了吗?

王家卫:没有。我都是尽量远离,因为影片拍完了就是结束了。那就好像你十四岁的时候拍了一张照片,多年后再回头去修图。

达蒙·乌:那么《东邪西毒:终极版》你参与得多吗?

王家卫:这是不一样的情况。影片正在变得残缺,因此我认为,有机会两次剪辑同一部影片是非常难得和幸运的。就像你有一辆车——你自己把车组装起来,然后它坏了,所以你不得不把车拆开修理。重新组装好之后,相同的过程你就经历了两次。然后你就会明白,自己为什么多年前要这样组装这辆车。很有意思。

达蒙·乌:一种有趣的怀旧形式。

王家卫:没错。我们如何为网络媒介做一些数字化的工作?

达蒙·乌:在电影方面?

王家卫:是的。

达蒙·乌:我不知道。未来会有答案。现在一切似乎都是比特构成的。我不知道。在修复和保存方面,你的其他电影情况如何,如《旺角卡门》和《阿飞正传》? 它们情况还好吗?

王家卫:我不会说我在拯救影片。完成这一切——这个工作——之后,我的感觉是,这部电影终于有了固定的形态。过去还要冲印胶片的时候,必须把胶片放进某些化学药剂里,可以看到图像逐渐显现出来。但必须定影,否则就会过曝或者太暗。我认为《东邪西毒》是一部需要一定时间才能固定下来的影片。现在的影片就是终极版。影片的中文名里就有"终极版"三个字,因为这可能是与观众见面的最好的版本。

达蒙·乌:你其他早期电影的底片保存得好吗?

王家卫:不,不好,因为不会再有区域版了,我没办法修复它们。它们只会以现存的 DVD 或录像带的形式存在。但我相信这些很快也会消失。所以我们现在做的就是影片的最终版。这将是未来存在的唯一版本。

达蒙·乌：所以在你看来，你的电影现在主要是做成 DVD，而不是在电影院放映？你对人们在家而不是去电影院看电影的现象有什么看法？

王家卫：这不是最好的选择。我想做这个终极版的原因之一就是能让观众在大银幕上看到这部电影。但是你知道，现在的人不习惯花几个小时跑去电影院看电影，然后再回家。太耗费时间了。现在的人更懒。大家都有很多事情要忙，所以你无能为力。我不能理解。人们有电脑，家里还有 DVD 或电视。

达蒙·乌：洛杉矶有一家名为新贝弗利影院的复兴电影院①，我常去。

---

① 复兴电影院（revival house）指专门放映经典电影或著名老电影的电影院。——译注

王家卫:真的吗?

达蒙·乌:显然,你也很明白,共同观影的体验是不同的。总是……

王家卫:是的,截然不同。

达蒙·乌:我不知道。我认为大家总是想去电影院的。他们总是想出门。很多人会被便利吸引,但我认为去电影院的体验、共同观影的感觉,是永远不会被取代的。那如果消失了,我会非常非常难过的。

王家卫:是的,但是现在网上可以看的东西太多了。不仅仅是电影。还有视频网站,会占用大量时间。

达蒙·乌:是的,会分散人的注意力,但是——我也算是个电影发烧友——有一些电影我等待了很多年[如塞缪尔·富勒(Samuel Fuller)的《白狗》(*White Dog*)],从来没有在美国上映过……这么说吧,有的人每年看两部外国电影,然后就说:"好了,够了。"也有人说:"我看过《东邪西毒》了,所以现在我要看《堕落天使》和《重庆森林》。"激动的只是一小部分人。

王家卫：还有，他们不知道自己错过了什么。在家看了电影之后，他们感觉"我看过这部电影了"，但事实并非如此。这样观看，感觉是截然不同的。最好的方式是去电影院看。就应该去电影院看。

达蒙·乌：是的。没错。一个朋友告诉我他在戛纳看《2046》的经历，他说关于底片能不能准时到达这事当时闹得沸沸扬扬，据说是从机场一路快马加鞭送到的。你似乎好几次都以戛纳为最后期限。你是喜欢按照这样的时间表工作，还是希望能再有几个月的时间？

王家卫：不，每一次我都说："我不想再那样了。"但似乎总是会自然而然地遵从这个时间表。所以，《2046》之后，我们决定要做戛纳电影节上第一部放映的电影，但还是为此赶工了。

达蒙·乌：剪辑是你最喜欢的步骤吗？

王家卫：不是，这是一种放手。放手之前想要确保自己已经尽力做到最好，因为一旦放手就不能再回头。影片一旦进入影院,就不再是你的了。你什么也做不了,所以只能看着你的女儿出嫁,确保她以最美的模样走进婚礼现场。

达蒙·乌:你想要回头吗? 有没有试过?

王家卫:我没有再看《2046》,因为我对那部电影非常熟悉。我看了几百遍,以至于我觉得很长一段时间内都不应该再看。

达蒙·乌:所以电影拍摄过程中你最喜欢的部分是什么?

王家卫:我认为导演的工作是独一无二的。我们可以进行时间旅行。可以拍摄一部关于现在的电影,也可以拍五百年前的故事。在平常生活中,我们不能像这样将时间玩弄于股掌之间。可以让一分钟成为永恒,也可以让十年一下(打响指)就过去,是不是? 这是做这个行业最好的一点,因为可以享受这种感觉。我可以说:"我能够控制一些平常我们无法控制的东西。"

达蒙·乌：创作虚构故事最接近成为上帝的体验。

王家卫：是的。你不会真的目睹这些事情，但在这一行就要让一切看起来可信。

达蒙·乌：你会借鉴哪些艺术家？你认为对你影响最大的是谁？

王家卫：我无法单独拎出某一个人，但如果一定要说，我会说是我母亲，因为是她将我领进了电影的世界。

达蒙·乌：你会重看某部电影吗？

王家卫：有时候会，但现在我喜欢在意想不到的时刻与电影相遇。我觉得我看过不少电影，但似乎……你因为他人的推荐看一些电影，心里就会有一定预期。但我喜欢意外与电影相遇。你说"我并不打算看这部电影"，看了之后却觉得不错，这样就很好。这是最令人满意的体验。就像两天前，我在TCM（Turner Classic Movies，特纳经典电影频道）看了一部黑白电影，非常棒。我以前从来没有听说过这部电影。

达蒙·乌:你记得叫什么名字吗?

王家卫:是金杰·罗杰斯(Ginger Rogers)主演的一部电影,但不是特别有名。

达蒙·乌:你认为自己需要花时间看电影,与电影共度时光?

王家卫:是的。

达蒙·乌:我认为这是一种充电。你偶尔会因为种种平庸而感到无所适从,但总有一些东西……

王家卫:是的,这就是我看电影的原因。但我依然记得……几年前,我在洛杉矶,当时正好是《星球大战》首映。新系列的第一部。我和一位非常喜欢《星球大战》的朋友一起去电影院。我从来没有在中国电影院看过那样的场面。很多人,父母——都是老系列的粉丝——带着他们的孩子。音乐响起,卢卡斯影业(Lucasfilm)的标志出现时,就像是一场派对。他们尖叫、鼓掌,前十分钟根本听不见电影的声音。他们必须错过那一段,那就是一场狂欢。

采访到这里就告一段落了。我请他给我的《春光乍泄》海报签名,他同意了。我告诉他我有过一个法国女友,是她向我推荐了这部影片,然后我爱上了她,也爱上了这部电影。他问:"你们还在一起吗?"我说:"当然不。"我们都笑了。

"Exclusive Interview: Wong Kar-wai (*Ashes of Time Redux*)" by Damon Houx from CHUD. com. http://www.chud.com/16553/exclusive-interview-wong-Kar-wai-ashes-of-time-redux. Interview conducted in English.

一代宗师——导演王家卫

大卫·波兰/2013 年

大卫·波兰（以下简称波兰）：你参加过动漫展览会①吗？

王家卫：参加过，两天前。

波兰：是去玩吗？

王家卫：不，我们在那里有一场试映。

---

① 动漫展览会（Comic Con）是在美国多个城市举办的动漫大会，旨在通过销售摊位、讲座和作品放映等方式连接粉丝与创作者。大会以热情的粉丝装扮成自己最喜欢的人物而著称。该活动因为多彩的人群而吸引了很多媒体的关注。

波兰：感觉怎么样？

王家卫：非常、非常奇怪。

波兰：（笑。）你了解日本——而非中国——的极客（geek）文化吗？

王家卫：不，我以为全是孩子，主要是为动漫迷和孩子举办的，所以我们就去了。结果我发现大部分人不是孩子。他们都是成年人，但全穿着角色扮演的服装。很有趣。

波兰：中国有这样的文化吗？

王家卫：不，没有。我想日本有。

波兰：都是漫画之类的东西。

王家卫：漫画在日本非常重要，有很多粉丝。

波兰：和这样的观众一起看（你自己的电影《一代宗师》）有趣吗？我相信他们一定非常激动。

王家卫：不，并非如此。一开始，我为动漫展览会版本单独做了混音，刻意做得相对激烈，因为我以为这些观众会不太一样。我以为他们需要更刺激的东西，但事实上他们很安静，并非出于不好的原因保持沉默。他们很耐心，看得很投入，反响相当热烈。

波兰：在你看来，这部影片和你的其他作品相似吗？它会不会让人感觉有所不同，就像是王家卫的第一部武打片①？

王家卫：不，我不是在拍一部武打片。已经很久没有70年代邵氏兄弟那样硬核地道的功夫电影了。没有人飞来飞去。没有浮夸的动作。一切都很精确、很硬核。

波兰：是很硬核。所以你是怎么看的？试映前你做了(关于这部影片的)讲话。

---

① 武打片(chopsocky)是一个贬义词，指情节松散、表演拙劣、有大量动作场面的廉价中国电影。该词来自"杂烩"(chop suey)一词，杂烩是一种混合不同食材的美式中国菜。很多西方观众都是从武打片开始了解香港影坛的。

王家卫：是的，我确实做了讲话。

波兰：我觉得你说得很好。你提到写剧本时，因为你脑中已经有很清晰的画面了，所以台词有即兴发挥的空间。你一开始就计划这样做吗？

王家卫：没有，因为我们毕竟是电影人。我们不是作家，但拍摄电影时我们需要文字。我必须从画面的角度思考，因此花了很多时间采访不同门派的大师。不仅仅是交谈。我得请他们示范，他们示范时我就观察他们的动作，理解他们的动作：身体的机制是什么？这一脚怎么踢？这里要怎么打？然后脑中就会有画面，因为镜头、现场的布置都计划好了。我知道如何拍摄。我不会武术，我看过上千部武打电影，但两者不是一回事。必须亲身去感受。每次采访功夫大师时，我都会说："我希望（您）展示这一拳用多大力气。"中国有些武术门派不讲究力量，他们讲究攻击力，所以看起来可能不太用力，但很疼。所以必须亲身去感受。

波兰：你是怎么决定踏上旅程去见这些人，走进功夫的世界的？

王家卫：产生拍摄这部电影的想法的时候，我就知道这是我一生中真正理解中国功夫的唯一机会。我们看过很多功夫电影，一度认为中国功夫只是一种表演，像一种把戏，不是很（有效），脱离实际。所以我想了解它好在何处，中国武术有很长的历史，能流传这么久一定是有原因的。有机会与这些大师见面，这和听故事、看书、看电影是不同的。必须去他们住的地方，看他们如何练习，了解具体是什么样的技巧。我觉得这一切非常迷人。

波兰：所以这场旅程首先是你个人的旅程？

王家卫：是的，我在路上跑了三年。

波兰：你为其他影片做过这样的研究吗？

王家卫：做过。

波兰：所有都做，还是只有其中一部分？

王家卫：一部分影片。因为如果是拍《重庆森林》或者《春光乍泄》这样当代的故事，我不需要做太多的研究。

但如果是拍《一代宗师》这样的影片,就必须了解那个世界。不了解叶问生活过的年代、他的家庭背景,以及当时的武术动作,你就无法理解他的故事。

波兰:所以《2046》也是这样拍摄的吗?

王家卫:不,《2046》更像是幻想。影片的主人公是一位60年代的作家,我认识很多这样的作家。他们是我小时候就认识的人。未来的部分基本上是60年代的人幻想中技术并不先进的未来图景。我是故意这么拍的,因为那是一位60年代的作家的想象,不是现在的(作家对未来的想象)。

波兰:想到你的时候,我觉得你依然只有二十五岁。但你已经不止二十五岁了。你是开始的时候就想"我要拍某种电影",还是顺其自然,一边工作一边寻找自己的声音?

王家卫:开始一个项目时是完全无法预测结果的;只有一种直觉。我常说第一个到达某个地方的人是探险者,比如克里斯托弗·哥伦布。后面的人都是游客,因为他们知道自己会遇到什么。我不想做游客。我想做发现者。

波兰：所以这是你一贯的哲学？

王家卫：是的。不然还有什么意义呢？

波兰：那为什么选电影呢？

王家卫：这是我唯一会做的事情，唯一我觉得自己能做好的事情。

波兰：一开始你就知道自己能做好吗？

王家卫：首先，写作太难也太乏味了。而表演不是我想做的事情，所以我想我要拍电影。别忘了，在我们那个时代，电影真的是一种非常激动人心的媒介。我小时候，我们几乎每天都在看电影。

波兰：但是你开始从影时，中国影坛像你这样的作品并不多。当时的中国电影很有戏剧性，在某种意义上很老派。

王家卫：不，事实并非如此。如果你去看30年代的一些经典影片就会发现,他们很有表现主义的风格,70年代邵氏兄弟的电影某种意义上也充满活力。所以不能说(我开始从影时这种风格的影片很少)。我要说我开始拍电影的时候,正好是所谓的香港新浪潮①的开始。那是一个非常激动人心的时代。你有大量的机会拍电影表达自己的想法。

波兰:所以你从最开始就觉得自己拥有电影创作上的绝对自由?

王家卫:是的。但是当然了,我们不得不这样,因为我们是独立的。我们要管很多事情。最开始我们不是主流电影人,也不制造主流产品,所以必须让观众听到我们的声音,必须付出额外的努力,让人们相信这些作品值得关注。

---

① 香港新浪潮于 20 世纪 70 年代末开始,当时的电影导演开始将自己视为电影作者,他们的作品有自己标志性的风格。王家卫是其中的后起之秀之一。有些导演拍摄主流作品(如徐克和吴宇森),其他则留在了艺术电影领域(如许鞍华和关锦鹏)。详细解释请见引言。

波兰：那么，西方对你作品的认可是否帮助你改变了境况？对你是否有所帮助？还是说让一切变得更困难了？在香港大家为此感到激动吗？

王家卫：我认为是有帮助的，因为这让我们拥有了更多的观众，也就意味着我们能够得到更多的资源拍摄想拍的电影①。

波兰：你渴望拍更商业化的作品吗？

王家卫：我认为我所有的作品都是商业电影。

波兰：但我不认为你近期会拍摄一部《星球大战》。

王家卫：如果我有乔治·卢卡斯那份热情，为什么不拍呢？我认为他有创造属于他的世界——比如《星球大战》的世界——的激情。而我则有拍摄一部关于武术世界的电影的激情。我认为两者是同质的。这是让电影人追求卓越的原动力。电影人必须要有这种近似上瘾的激

---

① 《花样年华》之后，王家卫的电影由中国内地、中国香港地区和法国的制作公司投资。

情——想要一切都正好。他对那个世界充满好奇，我认为这就是他的驱动力。

波兰：所以你不评判电影人对主题的选择。无论他们对什么感兴趣，都有望拍摄出有趣、优秀的作品。

王家卫：现在电影人很多。每个有手机或者相机的人，都可以成为电影人。所以我们其实都在制造影像，分享我们的视角。有些人的作品得到了很多人的欣赏，他们就会被关注。有些人知名度相对较低，但那并不代表他们的作品（质量）更优秀或更糟糕。我们的工作是制作能够说服自己的作品，然后再去说服他人。

波兰：今年，或者说几乎每年，在戛纳都有那种被所有影评人不断谈论的（大明星）。

王家卫：那是他们的工作。

波兰：是的，但有时候会有极端的反应。当然所有影片都是电影节筛选过的，但有些影片会引发愤怒，影评人对它们极度厌恶。但也有他们特别喜欢的电影，几乎所有人都不吝赞美之词。

王家卫：我认为现在的影评人比以前宽容了。现在，我总是感觉参加电影节一定要带着任务，必须传达某种讯息，必须有社会良知（social conscience）[①]。我不是说这么做不对，但这并不代表电影必须这样拍。不是所有的电影都要有（社会意识），因为还有很多需要我们探讨的主题。我们可以探讨（现在）较为迫切的话题，也可以探讨其他与生活更相关的主题。

波兰：你是所有类型都能接受，还是有些无法接受？你喜欢动画吗？喜欢科幻吗？我是说，你拍过科幻片。

王家卫：类型就像制服。同一个人，可以穿不同的制服。正因为如此才需要制服。我们将其称为形式。所以想要表达的东西必须与形式相符，要选择适合相应场合和讯息的制服。就是这样。

波兰：最初是什么让你产生拍摄《一代宗师》的冲动？

---

① 王家卫指的可能是社会意识（social consciousness）。

你是什么时候第一次想到未来要拍一部这样的电影的？

王家卫：我一直想拍一部功夫电影。

波兰：从小时候开始。

王家卫：是的，我是功夫电影迷，但我必须找到自己的角度，因为大部分功夫电影关注的是谁武艺更高超——我是不是天下最强——或者复仇。我要从什么角度拍呢？我认为我不会拍很多功夫电影。如果这是唯一的机会，我希望能拍好。我想拍一部与众不同的功夫电影，不仅仅关注武艺，还关注其中的智慧、哲学。武术的传统为何能传承这么多年？其中蕴藏着某种智慧。我认为影片不仅仅针对动作片观众，我们希望有更多的人看这部电影，了解武术的世界。

波兰：你是大概找到让你的作品与众不同的点之后四处去拜访功夫大师，还是一边走一边寻找这个点？

王家卫：我想要拍摄一部这样的电影，但我还缺一些钥匙。我需要找到那些钥匙。我需要走进那扇门，自己找到所有的答案。

波兰：你是什么时候感觉自己找到答案了？或者说你觉得自己找到了吗？

王家卫：不好说。我觉得这是一个开始。中国武术传统有很多有意思的侧面。我希望我们是抛砖引玉，希望未来能有其他电影人继续关注这个主题。我认为这个主题是值得关注的。

波兰：有意思的是，你花了很长时间制作这部电影，人们知道你在拍一部电影，大概知道是什么故事。所以有的人在你的电影上映之前拍了(关于叶问)的电影。有的甚至在你开始之前就有续集了。这些事情你知道吗？你工作时会考虑周围的商业世界吗？

王家卫：大家都有不同的工作节奏。正如我昨晚所说，如果想做有独创性的作品，自然需要时间，不是单纯的复制。其实我们公开《一代宗师》这部影片之后，出现了很多比我们拍得快得多的关于叶问的影片。(那些导演)比我高效。但我不介意。我不会觉得不快，因为有电影讲述这个人物的故事，让观众认识叶问和他的理念，让人们认识到，我们要重新关注近况不佳的武术传统，这是一件好事。

现在的中国有两种武术。一种是政府鼓励的——竞技性的武术。没有门派，只有各家技艺的融合。没有历史，而是一种运动。一种奥运会项目那样的运动。没有师傅，没有徒弟。只有教练和运动员。

第二种是民间存在的传统武术。这种形式没有得到政府的扶持。我采访的大部分大师都已经七十多岁了。他们最年轻的学生五十五岁，因为（这些学生）退休了，可以专心习武。由此可见，传统武术正在消亡。我希望这部影片可以让人们意识到这一点。

波兰：所以年轻人在模仿一个副本？

王家卫：是的，咱们打开天窗说亮话。现在人们说自己练太极是因为太极就像中国瑜伽。看一看最早的两代太极大师——他们都很年轻就去世了——你就会发现事实并非如此。太极是一种非常非常致命的武器，是能杀人的。

波兰：所以在郊区的商场里上太极课，估计压根儿接触不到太极的核心。

王家卫：我想上课也是有好处的，是好的锻炼。但不能给太极贴上瑜伽的标签。这不是太极的精髓。太极在意平衡，某种意义上是一种武器。

波兰：所以形式中的哲学和精神性被忽略了，变成了一种体育锻炼。

王家卫：是的。

波兰：在工作方法上面，人们认为你在某种意义上是一个神秘人物，因为你的电影优美而私密。

王家卫：为什么？（因为我的电影）很难看懂？

波兰：有时候难懂，有时候相较于普通观众，更适合那些真正关注作品的人。正如你昨晚在学院看到的一样，（对你作品）感兴趣的人有相当的热情。你走进来的时候，大家非常激动。与此同时，去电影院看电影的普通人可能会感到无所适从。我估计你清楚这一点，因为你提到过。你知道你的作品给人的印象吗？你想拥有更多的观众吗？你想让作品更加容易理解吗？或者说，因为这就是你按照自己的想法拍摄的作品，所以你根本不在乎？你只关注自己的作品。

王家卫：就好比《一代宗师》这样一部电影——1月刚在中国上映的，现在世界各地都能看到了。所以我们有来自不同背景、不同文化的大量观众，这部影片在与观众对话。

波兰：你高兴吗？你认为这能将观众引向《2046》或《重庆森林》吗？或者说你希望它做到这一点吗？

王家卫：想想看吧，我不是画家，拍电影需要观众，需要向观众表达。否则，拍电影又有什么意义呢？我们当然愿意和观众交流，但这并不代表必须选择容易的方式。我想我们希望有自己的语言，但希望能有更多的人理解这部影片。

波兰：关于这部影片，昨晚你特别提到了在火车站铁轨边的那场戏，有章子怡和另外一位演员，他的名字我一下想不起来了。

王家卫:你要去查。不能偷懒。

波兰:我一会儿就去查,但那是一场很精彩的戏。你提到拍摄花了两个月时间。那场戏是五分钟、六分钟,还是七分钟?

王家卫:十一分钟。

波兰:十一分钟。但两个月的拍摄时间很长,那场戏很私密。我是说,太美了。它和其他任何功夫电影都不一样,它专注于当下的瞬间:表情、手上的动作,以及各种其他小细节。开始拍摄时,你知道镜头是什么样子吗,或者说有大概的想法吗?

王家卫:你在开玩笑吗?

波兰:还是说你一边拍一边收集碎片,最后再拼起来?

王家卫:当然。

波兰:一切都在你脑子里?

王家卫:那个镜头三四天就可以拍完。用替身和威亚三天就可以完成。但是,一旦看过真实的演示,就会想将一模一样的感觉呈现给观众——让观众理解其中的技艺和动作。我认为需要花那么多时间。

波兰:技术上你是如何操作的? 是用了好几台摄影机还是一台?

王家卫:一台摄影机。这种镜头怎么用好几台摄影机? 没法那样拍。

波兰:说不定你有某种秘诀。

王家卫:不,我没有秘诀。

波兰:所以如果想拍手臂朝某个方向移动,是不是要把整个动作场面从头演一遍,直到拍到这个动作?

王家卫:首先,我们会有编排环节,会提前完成所有编排,然后再布置。我们为这个部分做了布置;我们想要拍到这个动作。但布置之前,我们必须在片场把所有动作都编排好。你应该也能想象,在那样一个火车站拍摄极其困难,因为晚上有时候会达到零下三十度,能做的布置有限。

波兰:只能这么拍? 这是唯一的方法?

王家卫:不,不是。只是对我来说,这是唯一的方法——能够呈现真实可信的效果。

波兰:你是不是会为了拍到某个特定的节奏、时刻或者画面而一直拍摄,直到得到你想要的,才开始拍摄下一个画面?

王家卫:不,拍摄动作场面对技术要求很高,不是一次就能拍到想要的镜头。因为要进行大量的协调工作,动作、时机、角度和摄影机移动都要配合好。一切都要协调,很花时间。

波兰:你在后期制作方面也很有名。拍摄的时候,你心中是有构思的。在此基础上,后期制作对你来说意味着什么? 是一种优化吗? 是改变构思,还是努力实现你脑中的构想?

王家卫:是选择的过程。后期制作意味着你面前有很多选择。讲故事的方法很多,你只是尝试寻找最好的方法。拍摄电影的时候总是想看更多的素材,但进行后期制作时需要注意时长。有人说:"我不在乎。我要把影片做成三个小时,它就应该是三个小时。"但有时候片长是有限制的,所以必须找到在一定时长内最高效的讲故事的方法。比如,这部影片在中国是两小时十分钟,在欧洲是两小时五分钟,在美国是一小时五十分钟。不同的市场有不同的要求和不同的限制。不能只是简单地缩短时长,必须用某种方式讲故事。虽然是同一部电影,但某种程度上又有一些不同。

波兰:所以与其说是调整镜头,不如说是寻找适合某个时长的影片的整体的感觉?

王家卫:你要用最高效,同时你自己认为最理想的方式讲述故事。

波兰:两小时十分钟、两小时五十八分钟①、美国

_____

① 原文如此。——译注

版——不同的版本中，你更喜欢哪一个？

王家卫：对我来说，它们是同一部电影。

波兰：是同一部电影？

王家卫：是的。

波兰：所以我们不需要跑去找更长的版本？

王家卫：应该先看这个版本。

波兰：这部电影完成后，你（和它）的关系是怎样的？当然，你会宣传，就影片与人进行交流，但情感上你做好开始下一部作品的准备了吗？你是不是还沉浸在之前的体验中，是否还在思考过去的体验未来会对你有什么影响？

王家卫：我觉得我还在 1936 年，还需要一段时间才能离开。然后就可以开始新的项目。

波兰：你会经常回顾自己的作品吗？

王家卫：不会。

波兰：一旦完成，你就放下了？

王家卫：你想，这部电影我已经看了很多遍了。

波兰：但如果在电视上看到(你)十年前的作品……

王家卫：我会看的。

波兰：你会看？

王家卫：是的，但必须是无意中看到，不是刻意去找DVD，找某一部电影。就像巧遇一位很久不见的老朋友。看的时候，你其实不是在看电影。你会回忆起每个场景是如何拍摄制作的。这是一种不同的体验。

波兰：看自己过去的作品时，你会看到年轻时的自己吗？会看到一个拍摄这些影片的年轻人吗？能看到自己的成长变化吗？

王家卫：不，我不会看到自己。我会看到和我合作的人，以及拍摄那些场景的时刻。

波兰：你能想象自己再也不拍电影吗？

王家卫：当然能。

波兰：未来某天，你可能会决定不再拍电影，而去画画，或者转而做别的事情？

王家卫：是的，当然。我一直有这样的梦想。我如果不用工作，就读书，吃东西，过不一样的生活。

波兰：某种意义上，电影仍然是工作。你显然是艺术家，但艺术中仍有一些元素对你来说是工作。

王家卫：不，是激情，是好奇。

波兰：只要你仍有激情，就会一直拍电影？

王家卫：是的，我想我们都是这样的。

波兰：我是说，对有些人来说，电影可能是事业，而你似乎对事业没什么兴趣。

王家卫：是的，我有不同的定义。

"The Grandmaster, Director Wong Kar-wai" by David Poland from *DP/30*. https://www.youtube.com/watch?v＝VeCfktjSlyc. Interview conducted in English in 2013.

访谈:王家卫

杰克·穆里根/2013 年

杰克·穆里根(以下简称穆里根):《一代宗师》和你的其他电影一样,有很多对过去的反思。你的回忆和经历对你的电影有多大影响? 这些对《一代宗师》这样发生在你出生之前的故事又有什么影响?

王家卫:重点其实并非回忆,而是好奇。我认为,《一代宗师》是关于一个我只听说过、没有经历过的时代。我的大多数电影讲述的都是 60 年代的香港——两代移居香港的人。这部影片要更进一步……我想知道他们从何而来。我们回到了民国初期,对我来说,这是一个新的领域。不是后退,而是发现。看这部电影的时候,你会发现很多人出于不同的原因来到香港。香港就是这样发展成今天的(样子的)。

穆里根：除了时代不同之外，我个人感觉，你最近的四部作品和你以前的电影相比，在摄影方面发生了改变。你认为你的审美偏好发生改变了吗？拍摄新作品的时候，你会考虑自己以前的电影吗？

王家卫：我从来不想拍美的电影。我只想确保一切都是对的。每一个布置、每一个镜头都代表一个选择：你想看到什么，不想看到什么。如果你就想看清这个纽扣(《一代宗师》中叶问作为爱情信物给宫二的纽扣)①，你就必须拍这个纽扣。这不仅仅是纽扣，也是历史，不是吗？如果要拍一拳，如何表现它很有力量？我记得我们在火车站拍摄时，他们说第一拳力量太大了，因为折断了柱子上伸出来的钉子。他们问："如果我们追求真实，这是不是太夸张了？"我说："看看再说吧。"我认为让观

---

① 纽扣是叶问和宫二之间的爱情信物。叶问保留冬衣上的纽扣以向宫二表明他会去东北看她，但中国南方遭到了日军的侵略，叶问因此未能成行。宫二去世前，将纽扣还给了叶问。

众知道他(张晋饰演的马三)的拳头非常非常有力就可以了。

穆里根:所以你的意思是,你从未有意识地为了追求美去构建一个镜头?

王家卫:没有。(思考。)没有。我不会(为了追求美)去构建一个好看的镜头。

穆里根:袁和平是这部影片的武术指导。他通过作品创造了一种独特的个人风格。你们是如何合作的?他的工作对影片的其他部分——比如对话场景——有没有影响?

王家卫:我与袁和平的合作非常直接。我们一见面,我就告诉他,我希望这是一部硬核的功夫电影,必须真实。我不想要威亚,不想要任何花招。我希望我的演员,像以前的演员,像邵氏兄弟的作品中那样,亲自完成动作场面。其实他非常惊讶。我带他去了梁朝伟的练习室,他意识到我是认真的。袁和平来自那样的背景,所以非常了解那个世界。我们一起完成了由教练编排的动作场面。如果梁朝伟(饰演的)是一位咏春①大师,那他所有的动作就都应该是咏春的动作。

穆里根:所以我猜你的意思是,你不喜欢威亚和过多使用特效。

王家卫:过去的十年间,很多功夫电影变得很夸张。在某个时刻,观众会开始质疑:"功夫电影只是一种表演,或者说一种噱头……中国武术——(真的)有用吗?"但看看现在MMA(综合格斗)有多么流行(就会知道中国武术是有用的)。中国武术——尤其是咏春——是MMA的始祖。

穆里根:那么这部影片是对这种类型片的现状的一种修正?

王家卫:不,我认为(这部影片)打开了一扇窗。它更像一个问题,而非一个答案:"你真的了解中国武术是什么吗?你感兴趣吗?你想知道更多吗?"

---

① 叶问修习的武术门派。

穆里根：电影中很多内容是关于不同的门派、掌握不同的招式，以及运用多个门派的招式。拥有不同的类型和风格一直是香港影坛的特点。你是被这一点所吸引吗？拍摄影片时你有没有想到这种相似性？

王家卫：因为内地的市场，大部分香港电影人都通过联合制作在内地工作。所以一度有人问："香港影坛去哪里了？"但事实上，香港影坛经历了一个不同的阶段。它（现在）有了更大的游乐场，但也要保住香港影坛的精髓和精神。

我们拍摄这部电影时，有意识地在致敬，因为功夫电影是一个很大的类型。所以影片前三十分钟，梁朝伟在妓院接受三个挑战的情节基本上是在致敬刘家良①的电影、邵氏兄弟和徐克时期。我们希望涵盖一切。这不仅仅是一部功夫电影，而是像《美国往事》②……

---

① 刘家良（1934—2013），武术指导兼导演，曾导演《少林三十六房》（1978）与《醉拳 II》（1994）等多部功夫和武侠电影。

② 《美国往事》（1984）是赛尔乔·莱昂内（Sergio Leone）导演、埃尼奥·莫里康内配乐的一部剧情片。

穆里根:所以你借用《美国往事》中的音乐片段,不仅仅是因为你喜欢那段音乐?这部影片和《一代宗师》的主题有联系吗?

王家卫:哦,是致敬。两天前,我们和一位写了很多大片的很棒的编剧进行了讨论。他提到的一点很有意思:"电影以前像长篇小说,现在像短篇小说。"我之所以想要向《美国往事》、赛尔乔·莱昂内、莫里康内致敬,是因为已经没有人再拍那样的电影了——人们没有耐心看史诗电影了。时间对于史诗电影十分重要。那是一场旅行,而不仅仅是动作。

穆里根:这部电影的很多片段都被剪掉了。我看过两个不同剪辑的版本,两版中都有不少独有的片段。如果不考虑观众缺乏耐心的问题,你想不想推出一个涵盖大部分影像的版本——一部时长近似于大部分莱昂内作品的《一代宗师》?还是说时长是其他因素决定的?

王家卫:是的。不幸的是,现在的电影发行竞争非常激烈,因此在中国,我们(只能)推出两小时十分钟的版本,在美国,我们必须将时长控制在两小时以内。但我不想只是简单地缩短时长(做一些小的删改,拿掉一些场景),因为我认为中国版的结构非常精致、准确。我想制作一个新的版本,用不同的方式讲述这个故事。

其实,就功夫片的历史来说,美国影坛仅次于中国影坛。所以我认为(在美国版的《一代宗师》中)我们可以不兜圈子,直接进入故事。中国版很注重时间。美国版则更关注人物。我们跟随着叶问的故事,去感受武术的世界。

穆里根:过去你曾提到剪辑的过程非常辛苦,因为你深爱你的影片,舍不得放下它们。那么多次剪辑,从头开始重新审视并剪出不同的版本——这对你来说,是要想方设法释出更多的影像,还是要为不同的市场创造完美的最终产品?

王家卫:想象一下,拍摄一个你真正热爱的场景时,工作量是很大的。不仅仅是导演的工作,还有演员、编剧和整个剧组。有时候一些片段无法进入成片,它们就会来纠缠你。(那些片段)会呼唤你。所以你会想:"能不能想办法把这段放进来? 用不同的方式向观众讲述(这个故事)?"想象一下,如果有人对你说"你只有五分钟做这个采访",那你就必须做出选择,不是吗?

"Interview: Wong Kar-wai" by Jake Mulligan from *Slant Magazine*. http://www.slantmagazine.com/ features/article/interview-wong-kar-wai. Interview conducted in English. The interview collected in this volume is the entire conversation. The magazine version is abbreviated.

其他资源

图书

Alovisio, Slivio. *Wong Kar-wai*. Milano: Il Castoro, 2010.

Bettinson, Gary. *The Sensuous Cinema of Wong Kar-wai: Film Poetics and the Aesthetic of Disturbance*. Hong Kong: Hong Kong University Press, 2015.

Binh, N. T. *Wong Kar-wai*. Paris: Scope, 2008.

Botz-Bornstein, Thorsten. *Films and Dreams: Tark-*

ovsky, Bergman, Sokurov, Kubrick, and Wong Kar-wai. Lanham, MD: Lexington Books, 2008.

Brown, Andrew M. J. *Directing Hong Kong: The Political Cinema of John Woo and Wong Kar-wai*. London: Routledge, 2003.

Brunette, Peter. *Wong Kar-wai*. Urbana: University of Illinois Press, 2005.

Chow, Rey. *Sentimental Returns: On the Uses of the Everyday in the Recent Films of Zhang Yimou and Wong Kar-wai*. Hong Kong: Hong Kong University Press, 2006.

The Conference of Wong Kar-wai: Repetition, Differentiation, and Variations. Taipei: Department of Radio, Television and Film, Shih Hsin University.

Dissanayake, Wimal, and Dorothy Wong. *Wong Kar-wai's "Ashes of Time."* Hong Kong: Hong Kong University Press, 2003.

Doyle, Christopher. *Happy Together: Christopher Doyle Photographic Journal*. Hong Kong: City Entertainment，1997.

Ferrari，Jean-Christophe，Adrien Gombeaud，Franck Kausch，and Frédérique Toudoire-Surlapierre. *In the Mood for Love*. Paris：Éditions de la Transparence，2005.

Gliatta，Leonardo. *Wong Kar-wai*. Rome：D. Audino，2004.

Jiang，Xin. *All the Films by Wong Kar Wai*. Beijing：CCTV，2004.

Jousse，Thierry. *Wong Kar-wai*. Paris：Cahiers du cinéma，2006.

Khoo，Olivia. *Love in Ruins: Spectral Bodies in Wong Kar-wai's "In the Mood for Love."* Honolulu：University of Hawaii Press，2007.

Lalanne，Jean-Marc，David Martinez，Ackbar Abbas，and Jimmy Ngai，eds. *Wong Kar-wai*. Paris：Dis Voir，1997.

Liu，Yonghao. *Wong Kar-wai: The Imbalance Filmic Texts*. Taipei：Garden City，2015.

Ma, Jean. *Melancholy Drift: Marking Time in Chinese Cinema*. Hong Kong: Hong Kong University Press, 2010.

Mauer, Roman, Thomas Koebner, and Fabienne Liptay. *Wong Kar-wai: Filmpoet im Hongkong-kino*. München: Edition Text + Kritik, 2008.

Nai, Kang. *The Ambiguous Taste: The Cinematic World of Wong Kar-wai*. Beijing: Gold Wall Press, 2008.

Ngai, Jimmy. *Four Films of Wong Kar-wai, Los Angeles*. Hong Kong: Chen Mi Ji Cultural Affairs, 1995.

Nochimson, Martha, P. *A Companion to Wong Kar-wai*. New York: Wiley-Blackwell, 2016.

Poon, Lawrence, and Zhaoxing Li. *The Cinematic World of Wong Kar-wai*. Hong Kong: Joint Publishing, 2004.

Redmond, Sean. *Studying "Chungking Express."* Leighton Buzzard, UK: Auteur, 2008.

Robinson, Luke. *Wong Kar-wai's Sensuous Histories*. London: Routledge, 2006.

Schnelle, Josef. *Zeichen und Wunder: Das Kino von Zhang Yimou and Wong Kar-wai*. Marbug, Germany: Schüren, 2008.

Su, Mi. *The Blooming Era's Wong Kar-wai*. Beijing: Chinese Literature Publishing, 2001.

Tambling, Jeremy. *Wong Kar-wai's "Happy Together."* Hong Kong: Hong Kong University Press, 2003.

Teo, Stephen. *Wong Kar-wai*. London: BFI, 2005.

Tête-bêche: A Wong Kar-wai Project. Hong Kong: Block 2 Pictures, 2000.

Wong, Ain-ling, Lawrence Poon, and Zhaoxing Li. *The Cinema of Wong Kar-wai* (2nd ed.). Hong Kong: Joint Publishing, 2015.

Wong, Kar-wai, and Jet Tone. *"The Grandmaster": A Wong Kar-wai Film*. Taipei: Thinkingdom, 2013.

Wong, Kar Wai, and John Powers. *WKW: The Cinema of Wong Kar Wai*. New York: Rizzoli, 2016.

Wu Xuanhong. *Love Runs Amok: The Cinematic Map of Wong Kar-wai*. Taipei: Taiwan University Press, 2006.

Zhang, Lixian, ed. *Kar-wai's Jungle*. Beijing: Modern Publishing, 2001.

期刊文章、图书章节和访谈

Aoun, Steven. "2046." *Metro Magazine* 147 (2006): p. 205.

Arther, Paul. "Philosophy in the Bedroom: Wong Kar-wai's *2046*." *Cinéaste* 30, no. 4 (Fall 2005): pp. 6 – 8.

Ashbrook, John. "Wong Kar-wai and Christopher Doyle: Available Light." In *Heroic Bloodshed*, ed. Martin Fitzgerald, pp. 58 – 73. Harpenden, UK: Pocket Essentials, 2000.

Bear, Liza. "Wong Kar-wai." *BOMB* 75 (Spring 2001):

pp. 48 - 52.

Biancorosso, Giorgio. "Global Music/Local Cinema: Two Wong Kar-wai Pop Compilations." In *Hong Kong Culture: Word and Image*, ed. Kam Louie, pp. 229 - 245. Hong Kong: Hong Kong University Press, 2010.

Blake, Nancy. "'We Won't Be Like Them': Repetition Compulsion in Wong Kar-Wai's *In The Mood For Love*." *Communication Review* 6, no. 4 (2003): pp. 341 - 356.

Boltin, Kylle. "In The Mood for Love." *Metro* 129/130 (2001): p. 152.

Botz-Bornstein, Thorsten. "Wong Kar-wai's Films and the Culture of the 'Kawaii.'" *SubStance* 37, no. 2 (2008): pp. 94 - 109.

Bruno, Giuliana. "Surface, Fabric, Weave: The Fashioned World of Wong Kar-wai." In *Fashion in Film*, ed. Adrienne Munich, pp. 83 - 105. Bloomington: Indiana University Press, 2011.

Cameron, Allan. "Trajectories of Identification: Travel and Global Culture in the Films of Wong Kar-wai." *Jump Cut*, 47 (2007). Accessed at: http://www.ejumpcut.org/archive/jc49.2007/wongKarWai/.

Cheng, Sinkwan. "Comparative Philosophies of Tragedy: Buddhism, Lacan, and *Ashes of Time*." *Mln* 123, no. 5 (2008): pp. 1163 – 1187.

Choi, Heawon. "Oblivion beyond Forgetting: A Buddhist Reflection on Suffering in *Ashes of Time*." *Journal of Religion and Film* 14, no. 2 (October 2010). Accessed at: http://www.unomaha.edu/jrf/vol14.no2/ChoiAshes_Time.html.

Chow, Rey. "Nostalgia of the New Wave: Structure in Wong Kar-Wai's *Happy Together*." *Camera Obscura: A Journal of Feminism, Culture, and Media Studies* 42 (1999): pp. 31 – 48.

——. "Sentimental Returns: On the Uses of the Everyday in the Recent Films of Zhang Yimou and Wong Kar-Wai." *New Literary History* 33, no. 4 (2002):

pp. 639 - 654. (Also in *Reading Chinese Transnationalisms: Society, Literature, Film*, eds. Maria Ng and Phillip Holden, pp. 173 - 187. Hong Kong: Hong Kong University Press, 2006.)

Ciment, Michel. *Film World: Interviews with Cinema's Leading Directors*, trans. Julie Rose. Oxford: Berg, 2009. (Chapter 13 "Wong Kar-wai.")

Crompton, Nils. "Towards a Postmodern Avant-Garde: The Temporality of the Refrain in Three Films of Wong Kar-Wai." *Metro Magazine: Media & Education Magazine* 142 (2005): p. 52.

Deppman, Hsiu-Chuang. *Adapted for the Screen: The Cultural Politics of Modern Chinese Fiction and Film*. Honolulu: University of Hawaii Press, 2010. (Chapter 4 "Liu Yichang and Wong Karwai: The Class Trap in *In the Mood for Love*.")

Dumas, Raechel. "A Look at Hong Kong's New Wave Sentimentality: Rey Chow's Reconceptualization of Nostalgia and the Allegorical Implications of the Image in Wong Kar-Wai's *In the Mood for Love*." *International Journal of the Humanities* 5, no. 4 (2007): pp. 135 – 139.

Geuens, Jean-Pierre. "The Space of Production." *Quarterly Review of Film and Video* 24, no. 5 (2007): pp. 411 – 420.

Greenhalgh, Cathy. "How Cinematography Creates Meaning in *Happy Together*." In *Style and Meaning: Studies in the Detailed Analysis of Film*, eds. John Gibbs and Douglas Pye, pp. 195 – 213. Manchester, UK: Manchester University Press, 2005.

Huang, Tsung-yi Michelle. "Hong Kong Blue: Flâneurie with the Camera's Eye in a Phantasmagoric Global City." *Journal of Narrative Theory* 30, no. 3 (2000): pp. 385 – 402.

Hughes-d'Aeth, Tony. "Psychoanalysis and the Scene of Love: *Lars and the Real Girl*, *In the Mood for Love*, and *Mulholland Drive*." *Film & History: An Interdisciplinary Journal of Film and Televi-*

sion Studies 43, no. 2 (Fall 2013): pp. 17 – 33.

Kraicer, Shelly. "Tracking the Elusive Wong Kar-wai." *Cinéaste* 30, no. 4 (Fall 2005): pp. 14 – 15.

Law, Jo. "Wong Kar-Wai's Cinema." *Metro* 126 (2001): p. 92.

——. "Years in Bloom."*Metro* 133 (2002): p. 198.

Lee, Vivian P. Y.*Hong Kong Cinema since 1997: The Post-nostalgic Imagination*. New York: Palgrave Macmillan, 2009. (Chapter 1 "Post-nostalgia: *In the Mood for Love* and *2046*.")

Leung, Helen Hok-sze. "Queerscapes in Contemporary Hong Kong Cinema." *Positions* 9, no. 2 (2001): pp. 423 – 447.

Lim, Dennis. "Wong Kar-wai, Kung Fu Auteur."*New York Times* (February 16, 2014). Accessed at: http://artsbeat.blogs.nytimes.com/2013/02/16/berlin-film-festival-wong-kar-wai-kung-fu-auteur/? module = Search&mabReward = relbias%3Ar.

Mazierska, Ewa, and Laura Rascaroli. "Trapped in the Present: Time in the Films of Wong Kar-Wai." *Film Criticism* 25, no. 2 (2000): pp. 2 – 20.

Morrison, Susan. "John Woo, Wong Kar-wai, and Me: An Ethnographic Meditation." *Cineaction* 36 (1996).

Ng, Konrad, Gar-Yeu. "Hong Kong Cinema and Chineseness: The Palimpsestic Male Bodies of Wong Kar-wai." In *Mysterious Skin: Male Bodies in Contemporary Cinema*, ed. Santiago Fouz-Hernández, pp. 43 – 58. London: I. B. Tauris, 2009.

Nochimson, Martha. "Beautiful Resistance: The Early Films of Wong Kar-wai."*Cinéaste* 30, no. 4 (2005): pp. 9 – 13.

——. *World on Film: An Introduction*. Malden, MA: Wiley-Blackwell, 2010. (Chapter 9 "Hong Kong: Wong Kar-wai, Now You See It.")

Ong, Han. "Wong Kar-wai."*BOMB* 62 (Winter 1998): pp. 48 – 54.

Pang, Yi-ping. "*Happy Together*: Let's Be Happy Together." *City Entertainment* 473 (May 29, 1997): pp. 41 – 44.

Perks, Sarah. "My Noir: Ambiguity, Ambivalence, and Alienation in 1990s International Noir." *Film International* 11, no. 5 (2013): pp. 47 – 51.

Phathanavirangoon, Raymond. "Interview at *Ashes of Time Redux*." Toronto International Film Festival, Ryerson Theatre (September 8, 2008).

Rayns, Tony. "Poet of Time." *Sight and Sound* 5, no. 9 (September 1995): pp. 12 – 16.

——. "In the Mood for Love." *Sight and Sound* 10, no. 8 (August, 2000): pp. 14 – 17.

Reynaud, Berenice. "Entretien avec Wong Kar-wai."*Cahiers du cinéma* 490 (April 1995): pp. 37 – 39.

Rohter, Larry. "Wong Kar-wai on *The Grandmaster*." *New York Times* (July 10, 2014). Accessed at: http://carpetbagger. blogs. nytimes. com/2014/01/10/wong-kar-wai-on-the-grandmaster/? _php＝true&_

type = blogs&module = Search&mabReward = rel-bias%3Ar&_r=0.

Tsui, Clarence. "Berlin 2013: Wong Kar-wai on *The Grandmaster*." *Hollywood Reporter* (February 6, 2013). Accessed at: http://www.hollywoodreporter.com/news/berlin-2013-wong-kar-wai-418839.

Tsui, Curtis K. "Subjective Culture and History: The Ethnographic Cinema of Wong Kar-wai." *Asian Cinema* 7, no. 2 (1995): pp. 93 – 124.

Udden, James. "The Stubborn Persistence of the Local in Wong Kar-Wai." *Post Script: Essays in Film and the Humanities* 25, no. 2 (2006): pp. 67 – 88.

Wilson, Flannery. "Viewing Sinophone Cinema through a French Theoretical Lens: Wong Karwai's *In the Mood for Love* and *2046* and Deleuze's *Cinema*." *Modern Chinese Literature and Culture* 21, no. 1 (Spring 2009): pp. 141 – 173.

Yeh, Emilie Yueh-yu, and Lake Wang Hu. "Transcultural Sounds: Music, Identity, and the Cinema of

王家卫访谈录

Wong Kar-wai." *Asian Cinema* 19，no. 1 （2008）：
pp. 32 – 46.

视频

Kwan，Pun-leung，and Amos Lee. *From Buenos Aires Zero Degree*，Hong Kong：Jet Tone and Block 2，1999.

The Road to the Grandmaster. Hong Kong：Jet Tone，2012. Accessed at：https://www. youtube. com/watch?v＝TI17_Ku7CUM.

Wong Kar-wai vs. Kevin Tsai. Eros DVD，Taipei：Jet Tone，2005.